Dictation & Listening

중학영어대비를 위한

초등영어 받아쓰기·듣기 10회 모의고사

초등 4학년 ①

발행 초판 18쇄 2024년 3월 30일

Editorial Director **안선영**　Chief Editors **Nicola Winstanley, Travis Beck-Cline**　Writers **정수지, 백경빈, 유예슬, 박은지**

Audio 녹음 **김지야**　Audio 편집 **Netiline**　Audio 감수 **이효리, 백찬솔, 이종현**　Voice Actors **Janet Lee, Shane Ham, Quinn O, 이지나**

교정 **정은주, 장신혜, 윤숙경, 이효리, 김문영, 임홍일**

디자인 **김연실**　표지 일러스트 **유한숙**　내지 일러스트 **박현주, 박우진, 홍인천, 김연정**

발행처 **㈜마더텅**　발행인 **문숙영**　주소 **서울시 금천구 가마산로 96, 708호**

마더텅 홈페이지 www.toptutor.co.kr

마더텅 교재를 풀면서 궁금한 점이 생기셨나요?

교재 관련 내용 문의나 오류신고 사항이 있으면 아래 문의처로 보내주세요! 문의하신 내용에 대해 성심성의껏 답변해 드리겠습니다.
또한 교재의 내용 오류 또는 오·탈자, 그 외 수정이 필요한 사항에 대해 가장 먼저 신고해 주신 분께는 감사의 마음을 담아
⒞⒰ 모바일 편의점 상품권 1천 원권을 보내 드립니다!

＊기한: 2024년 12월 31일　＊오류신고 이벤트는 당사 사정에 따라 조기 종료될 수 있습니다.

＊홈페이지에 게시된 정오표 기준으로 최초 신고된 오류에 한하여 상품권을 보내드립니다.

💬 카카오톡 mothertongue　@ 이메일 mothert1004@toptutor.co.kr　✉ 문자 010-6640-1064(문자수신전용)

🏠 홈페이지 www.toptutor.co.kr　🖥 교재Q&A게시판　🎧 고객센터 전화 1661-1064(07:00~22:00)

MOTHERTONGUE
마더텅출판사
since 1999.4.1.

영어듣기 모의고사 구성

1. 영어듣기 모의고사

실전 같은 모의고사를 풀면서 영어 듣기
평가 시험에 대비하자!

2. 듣기실력쑥

수행평가, 서술형 평가 형의 1 + 1문제 혹은 문제 관련 어휘 확장을
가능하게 하는 1 + 1어휘를 통해 완벽 복습 및 선행 학습

3. 정답과 해석

정답과 단어, 듣기 대본, 우리말 해석을
통한 복습 시스템으로 정답과 해석편
만을 가지고도 완전 학습이 가능
빨간색과 파란색으로 처리된 부분을
중심으로 각 회에 나온 단어, 어구 복습

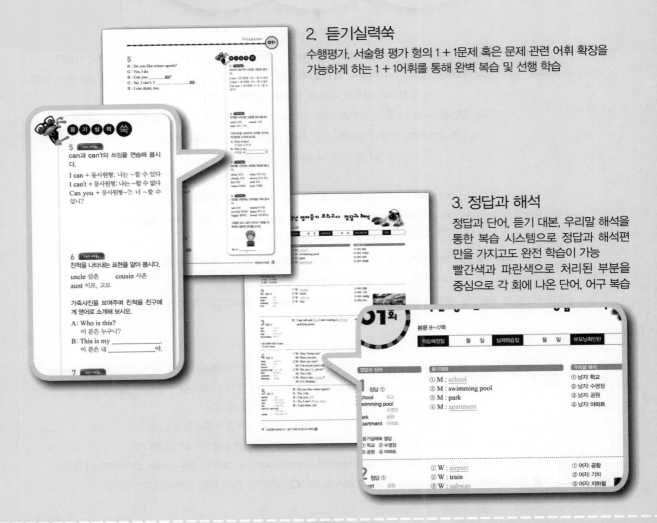

받아쓰기 구성 [총 3단계의 받아쓰기 Step 1 어구 ➡ Step 2 낱말 ➡ Step 3 통문장 받아쓰기]

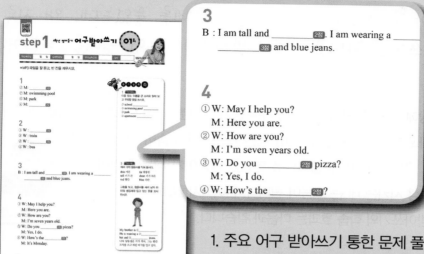

1. 주요 어구 받아쓰기 통한 문제 풀기 연습
어구 받아쓰기를 통해 주요 어휘 및 표현을 익히고 문제 해결능력 향상

2. 낱말 받아쓰기
본문에 나온 어휘 뿐 아니라 관련된 숙어, 함께 자주 쓰이는 어휘들을 확장 학습

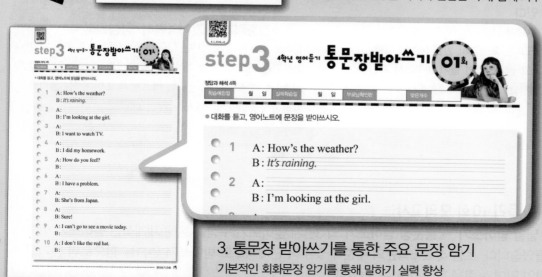

3. 통문장 받아쓰기를 통한 주요 문장 암기
기본적인 회화문장 암기를 통해 말하기 실력 향상

영어 받아쓰기(dictation), 왜 중요한가?

Q 받아쓰기 공부는 왜 해야 할까요? 이미 다 듣고 문제를 풀었는데, 왜 지루하게 또 들으면서 받아쓰기를 하나요? 영어 받아쓰기 하면 영어를 잘하게 되나요?

A 당연히 받아쓰기가 영어실력 향상에 도움이 됩니다. 받아쓰기는 듣기 실력뿐 아니라 쓰기, 말하기를 위해서도 꼭 필요한 연습이랍니다! 받아쓰기는 단순히 듣고 받아 적는 수동적인 학습이 아닙니다. 받아쓰기는 '듣고' '이해하고' '쓰고' '읽는' 과정이 통합적으로 필요한 활동이기 때문에 영어듣기 실력뿐 아니라 전반적인 영어 능력을 향상 시키는 데 큰 도움이 됩니다. 언어학자들(Jan Frodesen, Norma Montalvan)이 연구한 바에 따르면 받아쓰기의 학습 효과는 다음과 같습니다.

영어 받아쓰기의 학습 효과

듣기 영역

청취력이 향상된다
영어에는 우리말에 없는 발음들이 많이 있습니다. 이것들은 우리말로 대체할 수 없는 것들입니다. 영어 받아쓰기를 꾸준히 하다 보면 우리 귀에는 비슷하게 들리지만 다른 발음들을 구별하는 능력을 키울 수 있습니다.

영어 발음현상의 이해가 쉽게 된다
영어가 어렵게 들리는 이유 중의 하나는 다양한 발음현상(음운현상) 때문입니다. 받아쓰기를 통해서 연음, 동화, 탈락 현상과 같은 발음현상들을 어려운 용어 없이도 자연스럽게 체득하게 됩니다.

나의 실력을 알 수 있다
받아쓰기를 하면 어느 부분이 안 들리는지 정확하게 확인할 수 있습니다. 모르는 표현인지, 발음 현상에 대한 이해가 부족한지 확인하고 평가한다면 듣기 실력에서 자신의 약점을 정확하게 이해하고 고칠 수 있게 됩니다. (Jan Frodesen, 1991)

문법, 쓰기 & 말하기 영역

정확한 영어표현과 구두점을 익힐 수 있다
받아쓰기를 할 때에는 전치사 등과 같이 놓치기 쉬운 문법 요소들을 정확히 인지할 수 있게 됩니다. 그냥 듣기만 할 때는 쉽게 지나칠 수 있는 부분들을 받아쓰기를 통해 인지하게 되고 각 문법 요소들의 활용 방법과 의미까지 익히게 됩니다. (Norma Montalvan, 1990) 또한 마침표, 쉼표 등과 같은 구두점도 자연스럽게 익히게 됩니다. (Jan Frodesen, 1991)

인지 영역

집중력과 단기기억력이 향상된다
받아쓰기를 하기 위해서는 집중력이 필요하고 또 꾸준히 받아쓰기를 하다 보면 한 번에 기억할 수 있는 정보의 양이 점차 늘어나게 되어 결국 영어를 빠르게 듣고 이해하는 능력도 발전하게 됩니다. (Jan Frodesen, 1991)

초등영어 받아쓰기·듣기 10회 모의고사는
"**어구 받아쓰기 → 낱말 받아쓰기 → 통문장 받아쓰기**"의 3단계 받아쓰기 구성을 통해 체계적인 받아쓰기 학습이 가능하도록 만들었습니다. 초등 4, 5, 6학년의 수준에 맞추어 단계적으로 받아쓰기 연습을 함으로써 듣기실력뿐 아니라 전반적인 영어 능력을 향상시킬 수 있습니다.

듣기 시험 난이도 비교 분석

이 책의 난이도는? 이 책은 이전 학년 때 배운 내용을 평가하는 현행 진단평가보다
내용과 형식면에서 1년 정도 앞서는 난이도로 구성되어 있습니다. 그러므로 초등 4학년, 5학년,
6학년 학생들이 풀기에 적합한 난이도입니다. 또한 4학년은 5학년을, 5학년은 6학년을, 6학년은 중학교 1학년
시험을 대비할 수 있도록 약간 상향조정하여 문제를 만들었고, 현 학년 수준보다 약간 빠르게 녹음되어 있습니다.

난이도 / 평가항목	현행 초등 진단평가의 난이도			이 책의 난이도			중학교 듣기평가* 난이도
	4학년	5학년	6학년	4학년 ❶, ❷	5학년 ❶, ❷	6학년 ❶, ❷	중학교 1학년
듣기 문항 수	총 30문항 중 듣기 25문항 (4지선다형)	총 30문항 중 듣기 25문항 (4지선다형)	총 30문항 중 듣기 20문항 (4지선다형)	20문항 (4지선다형)	20문항 (4지선다형)	20문항 (4지선다형)	20문항 (4지선다형과 5지선다형 반복 / 2013년 시험은 5지 선다형)
문제당 평균 단어 수	평균 11단어 (최소 4단어 ~ 최대 20단어)	평균 16단어 (최소 4단어 ~ 최대 28단어)	평균 28단어 (최소 17단어 ~ 최대 40단어)	평균 23단어 (최소 4단어 ~ 최대 30단어)	평균 28단어 (최소 4단어 ~ 최대 36단어)	평균 32단어 (최소 17단어 ~ 최대 43단어)	평균 36단어 (최소 18단어 ~ 최대 60단어)
평균 녹음 속도(WPM*)	분당 평균 85단어 녹음 (최소 60단어 ~ 최대 120단어)	분당 평균 105단어 녹음 (최소 66단어 ~ 최대 135단어)	분당 평균 110단어 녹음 (최소 82단어 ~ 최대 126단어)	분당 평균 105단어 녹음	분당 평균 110단어 녹음	분당 평균 120단어 녹음	분당 평균 120단어 녹음
문제 사이 간격	10초	9초	9초	9초	8초	8초	10초
최근 3개년 문제 유형수	21개 유형	22개 유형	22개 유형	21개 유형	29개 유형 (반배치고사 + 진단평가 유형 추가)	29개 유형 (반배치고사 + 진단평가 유형 추가)	28개 유형

*WPM(Words per Minute): 1분당 읽는 단어 수
*중학교 듣기평가의 정식 명칭은 '16개 시·도 교육청 공동주관 영어듣기평가'이며 매년 4월과 9월, 총 2회가 실시됩니다.

초등영어 받아쓰기·듣기 10회 모의고사로 공부하면?

1. 시험 문제 유형을 완벽하게 대비할 수 있다! 이 책의 각 학년별 1, 2권에 담긴 총 400개의 문제를 풀다 보면 진단평가에 나온 모든 듣기 문제의 유형에 익숙해져서 당황하지 않고 시험에서 실력을 발휘할 수 있습니다. 또한 진단평가에 나오는 시험 유형뿐 아니라 반배치고사, 학업성취도평가와 같은 다른 시험의 유형도 대비할 수 있도록 기출 시험보다 다양한 유형의 문제들을 배치하였습니다.

2. 실전보다 빠른 녹음 속도로 듣기 훈련을 할 수 있다! 실제 상황에서 원어민의 평균 대화 속도는 160~190 WPM입니다. 진단평가 기출 시험은 80~110 WPM으로 원어민의 평상시 대화 속도보다 50% 정도 느리게 녹음되어 있습니다. <초등영어 받아쓰기·듣기 모의고사 10회>는 녹음 속도를 기출 시험보다 20% 정도 빠르게 해서 선행학습이 가능하며, 되도록 자연스러운 영어에 노출되도록 하였습니다.

3. 중학교 수준 듣기평가를 대비할 수 있다! 초등 6학년 녹음의 경우 16개 시·도교육청 듣기평가와 같은 속도로 녹음되어 중학교에서 처음 볼 영어듣기평가(4월 시행)에서도 당황하지 않도록 훈련할 수 있습니다. 문제당 간격도 기출 시험보다 짧게 조정하여 신속하게 문제 푸는 연습이 가능합니다.

초등학생이 보는 영어 시험의 종류

시험 종류	교과 학습 진단평가	수행평가	반배치고사
주관	각 시·도 교육청에서 주관하는 시험으로 1학기 초 3월에 실시하며, 이전 학년 전 범위에서 출제함.	각 학교 영어담당 교사가 교육부의 수행평가 가이드라인에 맞추어 영어 듣기/쓰기/읽기/말하기의 4가지 영역별로 시험을 출제함. 단원 학습이 끝난 후에 실시하며 학기당 8회 실시가 권장됨.	충북, 대구, 전북은 시·도 교육청이 출제한 문제를 대부분의 학교에서 공통적으로 사용하며, 나머지 지역은 학교 재량으로 문제를 출제함. 대체적으로 2월 중순(11~22일)에 실시하며 학교에 따라 6학년 전 과정 또는 4~6학년 전 과정을 시험 범위로 함.
대상	초등 4~6학년	초등 3~6학년	초등 6학년
목적	도달 & 미도달 2단계로 평가되며 미도달 학생을 가려내어 학습 지원을 하기 위한 목적. 성적 기록이 남지 않으나 미도달되지 않는 것이 중요함.	단원별, 영역별 학업 성취도를 평가하기 위한 시험으로 성적에 반영됨. 수시로 시행되는 영역별 테스트와 평소 수업 시간에 평가하는 내용을 통합하여 성적 산출.	예비 중1 학생들이 중학교를 배정받은 뒤 1년 동안 생활할 반 배정 위한 자료로 활용됨.
출제경향	• **4학년**: 듣기 25문항 + 서답형 5문항 • **5학년**: 듣기 25문항 + 서답형 5문항 • **6학년**: 듣기 20문항 + 서답형 10문항	• **듣기**: 듣고 문제 푸는 형식 • **쓰기, 말하기**: 특정 주제를 주고 간단한 쓰기, 말하기 활동을 주로 함 • **읽기**: 단어 철자 배합 등의 문제	현재 없어지는 추세인 학업성취도 평가 형식으로 출제되는 경향이 많음.
학습법	• 영어의 경우 전체 시험문제 중 듣기 평가 문항이 80~90%를 차지하는 만큼 듣기평가 대비에 힘써야 한다. • 기출문제 및 예상문제를 풀어보고, 시험에 나오는 다양한 유형에 익숙해질 필요가 있다. • 서답형 문제에 대비하여 기본적인 회화 문장들은 암기하는 것이 좋고, 단어나 숙어 등을 많이 접하고 암기해야 한다.	• **말하기, 쓰기**: 교과서 지문을 따라 쓰거나 기존 문장의 단어를 바꿔 쓰는 연습을 하는 것이 도움이 된다. 문법과 철자 쓰기가 기본적인 평가 기준이므로 평소에 철자와 기본 문법에 대해 공부해 두어야 한다. • **듣기**: 주로 녹음을 듣고 문제를 푸는 문제와 낱말 받아쓰는 문제가 출제된다. 평소 듣기 연습을 많이 해야 하고, 영어 받아쓰기 훈련을 해 두는 것이 도움이 된다. • **읽기**: 섞어놓은 철자를 재배치하여 단어를 완성하는 문제 등이 나오므로 평소에 단어 학습을 많이 해 두면 좋다.	• 주요 과목은 초등학교에서 배웠던 내용을 기반으로 하여 중학교에서는 좀 더 자세하고 심화된 내용을 배우게 된다. • 그러므로 시험과 관계 없이 중학교에 입학하기 전에 초등학교에서 배웠던 내용을 복습하고, 중학교에서 배우게 될 내용을 선행학습할 수 있도록 한다.
이 책의 활용법	• 모의고사 10회분을 풀어보고 실전 문제에 익숙해진다. • 낱말 받아쓰기, 통문장 받아쓰기를 통해 어휘 및 중요 문장을 암기한다.	'듣기 실력 쑥' 코너의 수행평가 유형 문제를 열심히 풀어보는 것으로 영어 듣기 수행평가를 대비할 수 있다.	6학년 듣기 모의고사 매 회마다 학업성취도평가(반배치고사) 유형의 문제가 포함되어 있으므로 문제를 열심히 풀어보고 틀린 문제를 복습한다.

초등영어
받아쓰기·듣기
10회 모의고사
목차

*4학년 ❶은 4학년 ❷와 전체적인 난이도가 동일하나 ❶권을 끝낸 후에 ❷권을 푸는 것을 권장합니다.
충분한 학습을 위해서는 ❶과 ❷를 다 풀어보는 것이 좋습니다.

01회 4학년 영어듣기 모의고사

정답과 해석 0쪽

| 학습예정일 | 월 일 | 실제학습일 | 월 일 | 부모님확인란 | | 점수 | |

1

다음을 듣고, 그림과 일치하는 낱말을 고르시오.
···( )

① ② ③ ④

2

다음을 듣고, 교통수단을 나타내는 낱말이 <u>아닌</u> 것을 고르시오. ·····························( )

① ② ③ ④

3

다음을 듣고, 내용에 가장 알맞은 그림을 고르시오. ···( )

①  ②

③  ④

4

다음을 듣고, 대화가 자연스러운 것을 고르시오.
···( )

① ② ③ ④

5

대화를 듣고, 여자 어린이가 할 수 있는 것을 고르시오. ……………………………………( )

①

②

③

④

6

대화를 듣고, 누구에 대해서 말하고 있는지 고르시오. ……………………………………( )

① 아버지   ② 할아버지
③ 사촌   ④ 삼촌

7

대화를 듣고, 지금 날씨를 보기에서 고르시오. ……………………………………( )

①

②

③

④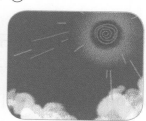

8

대화를 듣고, 남자 아이의 모습으로 알맞은 것을 고르시오. ……………………………………( )

①

②

③

④

9

대화를 듣고, 남자 아이가 어제 한 일을 고르시오. ································ (   )

① 영어 동화책을 읽었다.
② 영어 숙제를 했다.
③ 영어 시험공부를 했다.
④ 영어 학원에 갔다.

10

대화를 듣고, Andy가 야구를 하지 <u>못하는</u> 이유를 고르시오. ··························· (   )

① 할머니가 편찮으셔서
② 할머니 댁에 가야해서
③ 할머니가 Andy의 집으로 방문하셔서
④ 할머니 생신 선물을 사야해서

11

대화를 듣고, 여자 아이가 지우개를 몇 개 샀는지 고르시오. ·························· (   )

① 10   ② 11
③ 12   ④ 13

12

대화를 듣고, 선생님이 어느 나라 사람인지 고르시오. ···························· (   )

① 영국   ② 미국
③ 스코틀랜드   ④ 아일랜드

13

다음 그림의 상황에 할 말로 적절한 것을 고르시오. ······························ (   )

①   ②   ③   ④

14

대화를 듣고, 남자 아이의 책은 어디에 있는지 보기에서 고르시오. ························· (   )

15

대화를 듣고, 오늘이 무슨 요일인지 보기에서 고르시오. ……………………… (   )

① 월요일 ② 화요일
③ 수요일 ④ 목요일

16

대화를 듣고, 두 아이가 있는 장소를 고르시오.
……………………………………… (   )

① 동물원
② 동물병원
③ 친구 집
④ 식물원

17

대화를 듣고, 여자가 가려고 하는 곳을 고르시오. ……………………………… (   )

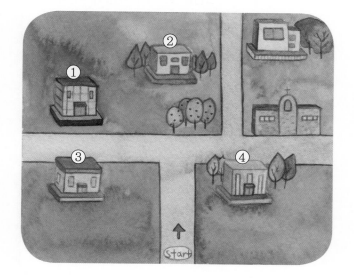

18

다음을 듣고, 이어지는 응답으로 적절하지 <u>않은</u> 것을 고르시오. ……………………… (   )

①   ②   ③   ④

19

대화를 듣고, 이어질 응답으로 적절한 것을 고르시오. ……………………………… (   )

① I'm fine, thank you.
② I'm going home.
③ Nice to meet you, too.
④ I like Mina.

20

대화를 듣고, 이어질 응답으로 적절한 것을 고르시오. ……………………………… (   )

① He's very old.
② He's very tall.
③ He's playing soccer.
④ He's 15 years old.

| 학습예정일 | 월 일 | 실제학습일 | 월 일 | 부모님확인란 | | 점수 | | 정답과 해석 0쪽 |

● MP3 파일을 잘 듣고, 빈칸을 채우시오.

1
① M: _____ 2점
② M: swimming pool
③ M: park
④ M: _____ 2점

2
① W : _____ 2점
② W : train
③ W : _____ 2점
④ W : bus

3
B : I am tall and _____ 2점 . I am wearing a _____
_____ 3점 and blue jeans.

4
① W: May I help you?
　 M: Here you are.
② W: How are you?
　 M: I'm seven years old.
③ W: Do you _____ 2점 pizza?
　 M: Yes, I do.
④ W: How's the _____ 2점 ?
　 M: It's Monday.

듣기실력쑥

1 1+1 문제
다음 장소 이름을 큰 소리로 읽어 보고 우리말 뜻을 쓰시오.

① school _____
② swimming pool _____
③ park _____
④ apartment _____

3 1+1 어휘
여러 가지 형용사를 익혀 봅시다.

thin 마른　　　　fat 뚱뚱한
tall 키가 큰　　　short 키가 작은
red 빨간　　　　blue 파란

그림을 보고, 형용사를 써서 남자 아이의 생김새와 입고 있는 옷을 묘사하시오.

My brother is ① _____ .
He is wearing a ② _____
hat and ③ _____ jeans.
나의 남동생은 키가 작다. 그는 빨간 모자를 쓰고 파란 바지를 입고 있다.

5

B : Do you like winter sports?
G : Yes, I do.
B : Can you _____ 2점?
G : No, I can't. I _____ _____ 3점.
B : I can skate, too.

6

G : What are you looking at?
B : I'm looking at my photos.
G : _____ 2점 is this tall man?
B : This is my _____ 2점.
G : He is very handsome.

7

G : Let's play soccer _____ 2점!
B : Look! It's _____ 2점 outside.
G : Oh, no! What do you want to do?
B : Let's watch TV.

8

G : What did you do yesterday?
B : I watched a soccer game on TV.
G : Was it _____ 2점?
B : Yes, it was. I was so _____ 2점.

9

B : I'm tired.

G : What's the matter?

B : I studied very hard _____ 2점.

G : What did you study?

B : I _____ _____ 3점 for the _____ 2점.

10

G : Let's play baseball, Andy.

B : I'm sorry, I can't. I'm going to my _____

_____ 3점.

G : Why are you _____ 2점?

B : Because tomorrow is my grandmother's birthday.

11

M : May I help you?

G : Can I buy some erasers?

M : Sure. _____ _____ 3점 erasers do you want?

G : I want _____ 2점 erasers.

M : Here you are.

듣 기 실 력 쑥

9 1+1 문제

다음 질문에 대한 자신의 답을 과거형을 사용해서 적어 보시오.

What did you eat for breakfast this morning?

→ I _____

나는 빵을 좀 먹었어.

10 1+1 문제

다음을 읽고, Andy가 축구를 하지 못하는 이유를 우리말로 쓰시오.

Sam: Let's play soccer!
Andy: I'm sorry, I can't.
Sam: Why?
Andy: Because today is my mother's birthday.
We're going out to eat.

→ _____

11 1+1 어휘

How many + (물건 이름: 복수형) do you want?

~을 몇 개 원하세요?

물건의 수를 물을 때 사용하는 표현입니다. 이때, 물건의 이름은 항상 복수형으로 물어야 하는 것을 잊지 맙시다!

12

G : Who is that woman?
B : She is my English teacher, Jane.
G : _____ 2점 is she from?
B : She's _____ _____ 3점.
G : Wow, she is very tall.

13

① M: Good _____ 2점 !
② M: Good evening!
③ M: Good afternoon!
④ M: _____ _____ 3점 !

14

B : Mom, did you see my books?
W: Yes, they are on the table.
B : They're not on the table.
W: Did you see on the chair?
B : Oh! I _____ 2점 them. They are _____ 2점 the
_____ 2점 .

듣 기 실 력 쑥

12 1+1 어휘
영어를 사용하는 대표적인 나라를 익혀둡시다.
America 미국
England 영국
Australia 호주
New Zealand 뉴질랜드
Canada 캐나다

국적을 묻는 표현을 익히고, 묻고 답하는 연습을 하시오.
A: Where are you from?
B: I'm from _____.

13 1+1 문제
대화를 듣고, 잠자리에서 하는 인사로 가장 적절한 것을 고르시오. ‥( )
①   ②   ③   ④

14 1+1 어휘
위치를 나타내는 표현은 물건을 찾는 문제에 꼭 나오는 단어들이니 연습을 해둡시다!
where 어디에   in ~안에
on ~위에   under ~아래에

보기에 나온 단어들을 활용하여 문장을 완성하시오.

보기 where, on, books

A: _____ are the
_____ ?
B: They are _____ the
table.

15

G : Tom, when is your birthday?

B : It's on _____ [2점], May _____ [2점].

G : What's the _____ _____ [3점]?

B : It's May _____ [2점]. Can you come to my birthday party?

G : Sure! See you on Friday!

16

B : Wow, look at them!

G : I see many _____ [2점].

B : They are _____ [2점] big.

G : Yes, they are. Look there! They are _____ [2점]!

B : Those are big, too.

17

W: Excuse me, where is the post office?

M: Go _____ [2점] and turn left at the corner. It's on your _____ [2점].

W: I see. Thank you very much.

M: You're welcome.

15 1+1 어휘

What's the date today?는 날짜를 묻는 표현이고, What day is it?은 요일을 묻는 표현입니다.

A: What's the date today?
오늘이 며칠 입니까?

B: It's April first.
오늘은 4월 1일입니다.

A: What day is it?
오늘 무슨 요일입니까?

B: It's Monday.
오늘은 월요일입니다.

16 1+1 문제

다음을 읽고, 오늘 친구들과 갔던 장소로 가장 알맞은 것을 고르시오.
······························( )

Today, I had my birthday party. I met many friends. We played badminton. We saw many beautiful flowers and trees. We ate very delicious food. It was an exciting day!

① 병원
② 공원
③ 백화점
④ 교실

17 1+1 문제

우리말 뜻을 참고하여, 빈칸에 알맞은 영어 단어를 쓰시오.

A: Excuse me. Where is the police office?
실례합니다. 경찰서가 어디인가요?

B: Go _____ and turn _____ at the corner.
쭉 직진해서 모퉁이에서 오른쪽으로 도세요.

18

G : How are you doing?

B : _____

① I'm happy.
② I'm _____ 2점.
③ I'm good, thank you.
④ I'm not a good _____ 2점.

18 1+1 어휘

How are you doing?은 '잘 지내니?'라는 의미의 안부를 묻는 표현으로, How are you?와 같은 뜻으로 사용됩니다.

19

G : How do you do? I'm Mina.

B : How do you do, Mina?

G : _____ _____ _____ 5점 you.

B : _____

19 1+1 어휘

처음 만났을 때 하는 인사말로는 How do you do? 라고 서로 말하면 됩니다. 친구들과 서로 처음 만났을 때로 돌아가서 악수를 하며 연습해 봅시다. 그리고 '만나서 반갑다'는 표현도 같이 연습해 봅시다.

A: How do you do?
    처음 뵙겠습니다.
B: How do you do?
    처음 뵙겠습니다.
A: Nice to meet you.
    만나서 반갑습니다.
B: Nice to meet you, too.
    저도 만나서 반갑습니다.

20

B : Do you _____ 2점 brothers or sisters?

G : Yes, I have one brother. How about you?

B : I have one _____ _____ 3점.

G : How old is he?

B : _____

20 1+1 어휘

Do you have ~?를 활용하여 서로의 형제 자매에 대해 묻고 답해봅시다.

A: Do you have a younger sister?
    너 여동생 있니?
B: Yes, I do. / No. I don't.
    응, 있어. / 아니, 없어.

정답과 해석 4쪽

학습예정일	월 일	실제학습일	월 일	부모님확인란		맞은개수	

● 들려주는 단어를 잘 듣고, 영어노트에 받아쓰시오.

1 *subway* ▶ *by subway*

2 ▶

3 ▶

4 ▶

5 ▶

6 ▶

7 ▶

8 ▶

9 ▶

10 ▶

11 ▶

12 ▶

13 ▶

14 ▶

15 ▶

step3 4학년 영어듣기 통문장받아쓰기 01회

01회

정답과 해석 4쪽

학습예정일	월 일	실제학습일	월 일	부모님확인란		맞은개수	

● 대화를 듣고, 영어노트에 문장을 받아쓰시오.

1 A : How's the weather?
B : *It's raining.*

2 A :
B : I'm looking at the girl.

3 A :
B : I want to watch TV.

4 A :
B : I did my homework.

5 A : How do you feel?
B :

6 A :
B : I have a problem.

7 A :
B : She's from Japan.

8 A :
B : Sure!

9 A : I can't go to see a movie today.
B :

10 A : I don't like the red hat.
B :

받아쓰기 01회 **19**

1

다음을 듣고, 그림과 일치하는 낱말을 고르시오.
······························ (   )

①   ②   ③   ④

2

다음을 듣고, 장소를 나타내는 낱말이 <u>아닌</u> 것을 고르시오. ······························ (   )

①   ②   ③   ④

3

그림을 보고, 엄마가 아이들에게 할 말로 알맞은 것을 고르시오. ······························ (   )

①   ②   ③   ④

4

그림을 보고, 엄마가 남자 아이에게 할 말로 알맞은 것을 고르시오. ······························ (   )

①   ②   ③   ④

5

대화를 듣고, 수미의 동생이 할 수 있는 것을 고르시오. ·· (　　)

① 　②

③ 　④

6

대화를 듣고, 누구에 대해서 말하고 있는지 고르시오. ·· (　　)

① 남동생　　② 사촌
③ 형　　　　④ 삼촌

7

대화를 듣고, 지금 날씨를 고르시오. ·· (　　)

① 　②

③ 　④

8

다음을 듣고, 금지의 표현을 고르시오. ·· (　　)

①　　　②　　　③　　　④

9

대화를 듣고, 남자 아이의 장래 희망을 고르시오. ·· (　　)

① 선생님
② 경찰
③ 의사
④ 소방관

10

대화를 듣고, 여자 아이의 엄마를 묘사한 그림을 고르시오. ·····························( )

①
②
③
④

11

대화를 듣고, 민수의 나이와 제니의 나이가 바르게 짝지어진 것을 고르시오. ············( )

	민수	제니
①	15살	13살
②	13살	15살
③	13살	11살
④	11살	13살

12

대화를 듣고, 수진이가 찾는 물건과 장소가 바르게 짝지어진 것을 고르시오. ············( )

	찾는 물건	장소
①	영어 공책	의자 아래
②	수학 공책	의자 위
③	영어 공책	책상 위
④	수학 공책	의자 아래

13

대화를 듣고, 어떤 상황에서 나눌 수 있는 대화인지 고르시오. ·····························( )

① 은행에서 저금을 할 때
② 친구에게서 지우개를 빌릴 때
③ 도서관에서 책을 빌릴 때
④ 문방구에서 지우개를 살 때

14

대화를 듣고, 자연스럽지 않은 것을 고르시오.
·····························( )

①   ②   ③   ④

15

대화를 듣고, 나라와 시각이 바르게 짝지어진 것을 고르시오. ·························· (　　)

① 미국 – 11시, 한국 – 7시
② 영국 – 11시, 한국 – 7시
③ 미국 – 7시, 한국 – 11시
④ 영국 – 7시, 한국 – 11시

16

다음을 듣고, 대화가 이루어지는 장소를 고르시오. ························· (　　)

① DVD 가게　　　② 영화관
③ 서점　　　　　④ 장난감 가게

17

그림을 보고, 질문에 알맞은 대답을 고르시오.
························· (　　)

①　　　　②　　　　③　　　　④

18

다음을 듣고, 이어지는 응답으로 적절하지 <u>않은</u> 것을 고르시오. ···················· (　　)

① It's seven o'clock.
② It's sunny.
③ It's cold.
④ It's cloudy.

19

다음을 듣고, 이어질 응답으로 적절한 것을 고르시오. ························· (　　)

①　　　②　　　③　　　④

20

대화를 듣고, 이어질 응답으로 적절한 것을 고르시오. ························· (　　)

① I am very happy with you.
② No problem.
③ That sounds good.
④ I think you ate too many sweets.

●MP3 파일을 잘 듣고, 빈칸을 채우시오.

1
① W : tigers
② W : zebras
③ W : _____ 1점
④ W : _____ 1점

2
① M : _____ 1점
② M : telephone
③ M : school
④ M : _____ 1점

3
① W : Good night!
② W : Good _____ 2점 !
③ W : The weather is nice!
④ W : _____ _____ 3점 .

4
B : Mom, I'm home.
W: Your hands are _____ 2점 . What did you do?

듣 기 실 력 쑥

1 [1+1 어휘]
복수형으로 말하고 싶을 때는 단어 뒤에 's / es / ies'을 넣으면 됩니다.

복수형태 단어들을 큰 소리로 읽고 우리말 뜻을 쓰시오.
① tigers _____
② zebras _____
③ foxes _____
④ babies _____

2 [1+1 문제]
그림을 보고, 빈칸에 들어갈 알맞은 단어를 쓰시오.

| restaurant park kitchen |

A: Where are you?
B: We are at the _____ .

3 [1+1 어휘]
손님에게 음식을 권하는 표현은 'Help yourself.(편하게 맘껏 드세요.)'라고 합니다.

손님에게 음식을 대접할 때 가장 알맞은 표현을 고르시오. ……… ( )
① Nice to meet you.
② It's time to go to school.
③ The food looks delicious.
④ Please help yourselves.

B : I played soccer.

W : _____

① _____ 2점 your hands, first.

② Help yourself.

③ Wash the dishes.

④ Be _____ 2점.

5

B : Sumi, how old is your sister?

G : She is five years old.

B : Can she _____ 2점 the alphabet?

G : No, she can't. But she can _____ 2점 a _____ 2점.

B : My brother can write the alphabet.

6

G : Who is this man? Is this your _____ _____ 2점?

B : No, he is my _____ 2점.

G : He looks like your older brother.

B : Really? This is my _____ 2점, Brian.

7

B : I want to play outside!

G : Look! It's _____ 2점. It's very _____ 2점.

B : Wow! Let's make a _____ 2점.

G : Okay. Put on your jacket!

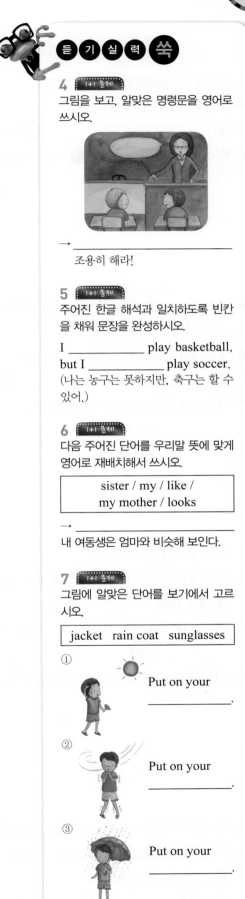

듣 기 실 력 쑥

4 1+1 문제

그림을 보고, 알맞은 명령문을 영어로 쓰시오.

→ _____

조용히 해라!

5 1+1 문제

주어진 한글 해석과 일치하도록 빈칸을 채워 문장을 완성하시오.

I _____ play basketball, but I _____ play soccer. (나는 농구는 못하지만, 축구는 할 수 있어.)

6 1+1 문제

다음 주어진 단어를 우리말 뜻에 맞게 영어로 재배치해서 쓰시오.

sister / my / like / my mother / looks

→ _____

내 여동생은 엄마와 비슷해 보인다.

7 1+1 문제

그림에 알맞은 단어를 보기에서 고르시오.

jacket   rain coat   sunglasses

① Put on your _____.

② Put on your _____.

③ Put on your _____.

8

① W : Please come this way.

② W : Come this way.

③ W : _____ _____ [3점] this way.

④ W : You _____ [1점] come this way.

9

W : Minsu, what will you do in the _____ [2점]?

B : I will help people.

W : Do you want to be a teacher?

B : No, I want to be a _____ [2점].

W : You will be a good doctor.

10

G : My mother is here.

B : Who is your mother? Is she wearing _____ [2점]

and a red _____ [2점]?

G : No, she isn't. She is wearing a _____

_____ [2점].

B : Oh! I see. She is very beautiful.

11

G : Hello! Minsu! Where are you from?

B : I'm from Seoul, Korea. Jenny, where are you from?

G : I'm from England. _____ _____ [2점] are you?

B : I'm 13 years old. How about you?

듣 기 실 력 쑥

8 [1+1 어휘]

'~하지 마라'라는 금지의 표현을 하고 싶을 때는 'Don't + 동사원형'을 사용합니다.

다음 문장을 영어로 바꾸어 적으시오.

① 뛰지 마라. _____

② 먹지 마라. _____

③ 울지 마라. _____

9 [1+1 어휘]

여러 가지 직업을 큰 소리로 읽으면서 연습해 봅시다.

teacher 선생님
doctor 의사
vet 수의사
police officer 경찰관
firefighter 소방관

10 [1+1 문제]

그림을 보고, 보기의 단어들을 사용해서 다음 질문에 알맞은 답을 쓰시오..

보기 shirt skirt dress jeans

What is she wearing?
She is wearing a yellow _____ and blue _____.

11 [1+1 어휘]

서로의 나이를 묻고 답해봅시다.

A: How old are you?
당신은 몇 살입니까?

B: I'm _____ years old.
나는 _____ 살입니다.

G : I'm 15 years old.

B : You are two years _____ _____ [3점] I am.

1+1 어휘

서로의 나이가 다를 경우, 'older than(~보다 나이가 더 많은) / younger than(~보다 더 어린)' 표현을 사용해서 말해봅시다.

I'm _____ years older / younger than you.
나는 너보다 __살 더 많다 / 더 어리다.

12

M : Sujin, it's time to go to school!

G : I'm _____ _____ [3점] my _____ [2점] notebook.

M : It's on your desk.

G : No, it's not there.

M : Oh! It's _____ [2점] the chair.

G : I found it. Thanks Dad.

12 1+1 어휘

it's time to + 동사원형 ~할 시간이다

우리말과 문장이 같은 뜻이 되도록 빈 칸에 알맞은 단어를 적으시오.

① It's time to e_____ d_____.
저녁 먹을 시간이다.

② It's time to g_____ to s_____.
학교에 갈 시간이다.

13 1+1 어휘

can의 여러 가지 뜻을 익혀 봅시다.

1. 가게에서 물건을 사고 싶을 때
Can I have a notebook, please?
공책 한 권 주세요.

2. 할 수 있다는 표현을 하고 싶을 때
I can play the piano.
나는 피아노를 칠 수 있습니다.

3. 허락을 구하는 표현을 하고 싶을 때
Can I go to the bathroom?
저 화장실 가도 될까요?

13

W : May I _____ [2점] you?

B : Can I have an eraser, please?

W : Sure, _____ [2점] you are.

다음 문장의 우리말 뜻을 쓰시오.

① I can speak English.
_____

② Can I use your pen?
_____

③ Can I have an apple, please?
_____

14

① G : How are you?
　B : I'm great, thank you.

② G : Is this your jacket?
　B : No, I don't.

③ G : Did you _____ [2점] your homework?
　B : Yes, I did.

④ G : What is your _____ [2점]?
　B : I'm Jim.

14 1+1 문제

다음 질문에 맞는 대답을 쓰시오.

① A: Are you a student?
　B: Yes, _____ _____.

② A: Did you go to the park yesterday?
　B: No, _____ _____.

③ A: Do you go to school every day?
　B: Yes, _____ _____.

15

(Telephone rings.)

G : Hello! This is Sumi.

B : How are you, Sumi? _____ _____ [3점] is it in _____ [2점]?

G : It's _____ _____ [2점]. What time is it in Korea?

B : It's eleven o'clock.

16

B : What do you want to _____ [2점]?

G : I like an action _____ [2점].

B : Me too.

G : How about that movie?

B : Okay. Let's buy _____ [2점].

17

W : What are they doing?

M : _____

① They ran in the playground.

② They run in the playground.

③ They are _____ [2점].

④ _____ [1점] are running.

15

영어로 시각 읽는 법을 알아봅시다.

정시일 때는 시간을 나타내는 숫자 뒤에 o'clock을 써서 표현합니다.

It's one o'clock.
1시입니다.

시와 분을 표현할 때는 숫자를 차례로 읽습니다. 정각이 아닐 때는 o'clock을 붙이지 않습니다.

It's one ten.
1시 10분 입니다.

16

권유하는 표현을 익혀봅시다.

How about ~?: ~는 어떻습니까?

다음 문장을 영어로 바꾸어 적으시오.

1. 이 액션 영화 어떠니?
→ _____

2. 이 노란색 원피스 어떠니?
→ _____

17

'~하고 있다'는 의미의 현재진행형은 'be동사(am/are/is) + 동사의 ing형'으로 만듭니다.

달리다 run – running
가다 go – going
수영하다 swim – swimming
보다 look – looking
하다 do – doing

다음 단어들을 재배치하며 문장을 완성하시오.

is / doing / she / homework / her

→ _____

18

W: Ted, get up! It's time to go to school.

B : Okay. _____ [2점] the _____ [2점] outside?

W: _____

18 [1+1 문제]

그림을 보고, 질문에 알맞은 대답을 쓰시오.

Q: How is the weather?

① It's w_____.

② It's s_____.

③ It's r_____.

19

M : What did you do _____ [2점]?

W: _____

① I play basketball.
② I'm playing basketball.
③ I _____ [2점] basketball.
④ I _____ [2점] play basketball.

19 [1+1 문제]

다음 문장을 과거 시제로 바꾸시오.

1. I play the piano.
→ _____

2. She goes to the park.
→ _____

20

W: What's the _____ [2점]?

B : I have a _____ [2점].

W: What did you eat?

B : I _____ [2점] some chocolate and some ice cream.

W: _____

20 [1+1 문제]

보기에서 알맞은 단어를 골라 서로 아픈 곳을 묻고 답해 봅시다.

보기 stomachache, toothache, cold, headache

Q: What's the matter?

① I have a _____.

② I have a _____.

③ I have a _____.

④ I have a _____.

step2 4학년 영어듣기 낱말받아쓰기 02회

정답과 해석 9쪽

| 학습예정일 | 월 일 | 실제학습일 | 월 일 | 부모님확인란 | | 맞은개수 | |

● 들려주는 단어를 잘 듣고, 영어노트에 받아쓰시오.

1 school ▶ go to school
2 ▶
3 ▶
4 ▶
5 ▶
6 ▶
7 ▶
8 ▶
9 ▶
10 ▶
11 ▶
12 ▶
13 ▶
14 ▶
15 ▶

정답과 해석 9쪽

학습예정일	월 일	실제학습일	월 일	부모님확인란		맞은개수	

● 대화를 듣고, 영어노트에 문장을 받아쓰시오.

1 A : I have a test tomorrow.
　　B : *Good luck.*

2 A : They look so delicious!
　　B :

3 A :
　　B : How was school?

4 A : My hands are so dirty.
　　B :

5 A :
　　B : Sorry.

6 A : It's cold here.
　　B :

7 A : What are you looking for?
　　B :

8 A :
　　B : Yes, I did.

9 A : What do you want?
　　B :

10 A :
　　B : At eight in the morning.

03회 4학년 영어듣기 모의고사

정답과 해석 10쪽

학습예정일	월 일	실제학습일	월 일	부모님확인란	점수

1

다음을 듣고, 그림과 일치하는 낱말을 고르시오.
.... (   )

①   ②   ③   ④

2

대화를 듣고, 내용에 알맞은 그림을 고르시오.
.... (   )

①

②

③

④

3

대화를 듣고, 남자 아이가 산 물건을 고르시오.
.... (   )

① 우산
② 장갑
③ 공책
④ 곰인형

4

대화를 듣고, 여자 아이가 가장 좋아하는 음식을
고르시오. .... (   )

① 햄버거
② 피자
③ 스파게티
④ 불고기

5

대화를 듣고, 두 사람이 무엇에 관해 이야기하고
있는지 고르시오. .... (   )

① 점심 메뉴
② 주말 계획
③ 영어 숙제
④ 시험 날짜

6

대화를 듣고, 그림에 알맞은 대화를 고르시오.
···························· (   )

①   ②   ③   ④

7

그림을 보고, 남자 아이의 응답으로 알맞은 것을 고르시오. ···························· (   )

①   ②   ③   ④

8

대화를 듣고, 남자 아이가 어제 한 일을 고르시오. ···························· (   )

① 수영하기
② 숙제하기
③ 야구하기
④ 여동생 돌보기

9

대화를 듣고, 남자 아이가 가장 좋아하는 계절과 그 이유를 고르시오. ····················· (   )

계절	좋아하는 이유
① 가을	날씨가 시원해서
② 가을	자신의 생일이 있어서
③ 겨울	스케이트를 탈 수 있어서
④ 겨울	눈사람을 만들 수 있어서

10

대화를 듣고, 현재 시각을 고르시오. …(   )

① 오후 6시
② 오후 6시 반
③ 오후 7시
④ 오후 7시 반

11

대화를 듣고, Julie의 여동생 두 명의 나이를 합한
수를 고르시오. ……………………(   )

① 19   ② 20
③ 21   ④ 22

12

대화를 듣고, 남자 아이가 찾고 있는 가방의 생김
새를 고르시오. ……………………(   )

① 검고 둥근 가방
② 검고 네모난 가방
③ 갈색 둥근 가방
④ 갈색 네모난 가방

13

대화를 듣고, 어떤 상황에 나눌 수 있는 대화인지
고르시오. ……………………………(   )

① 축하를 할 때
② 안부인사를 할 때
③ 초대를 할 때
④ 주의를 줄 때

14

대화를 듣고, Laura의 여동생을 고르시오.
……………………………………(   )

①   ②

③   ④

15

그림을 보고, 여자 아이가 할 말로 알맞은 것을 고르시오. ······················· (　　)

① ② ③ ④

16

대화를 듣고, 남자가 가려고 하는 곳을 고르시오. ······················· (　　)

① ② ③ ④

17

다음을 듣고, 그림에 대한 설명으로 알맞은 것을 고르시오. ······················· (　　)

① ② ③ ④

18

다음을 듣고, 이어질 대답으로 알맞지 <u>않은</u> 것을 고르시오. ······················· (　　)

① ② ③ ④

19

다음을 듣고, 이어질 대답으로 알맞은 것을 고르시오. ······················· (　　)

① ② ③ ④

20

다음을 듣고, 이어질 대답으로 알맞은 것을 고르시오. ······················· (　　)

① ② ③ ④

step 1 4학년 영어듣기 어구받아쓰기 03회

학습예정일	월 일	실제학습일	월 일	부모님확인란		점수	

정답과 해설 10쪽

●MP3 파일을 잘 듣고, 빈칸을 채우시오.

1

① W : _____ 1점
② W : _____ 1점
③ W : watch
④ W : _____ 1점

2

G : How is the weather today, Peter?
B : It's _____ 2점 and _____ 2점.

3

B : I'm looking for a birthday present for my sister.
W : _____ _____ 3점 this pen?
B : It's okay, but I think she will like this _____
_____ 2점.
W : Yes, that one is popular, too.
B : I'll take this.

1 [1+1 문제]
다음을 듣고, 그림과 일치하는 낱말을 고르시오. ·················( )

① ② ③ ④

2 [1+1 문제]
그림을 보고, 질문에 답해 봅시다.

How is the weather today?
→ _____

3 [1+1 문제]
대화를 듣고, 남자 아이가 물건을 산 이유를 고르시오. ··········( )
① 여동생의 졸업을 축하하기 위해
② 여동생의 생일 선물로 주기 위해
③ 어머니의 심부름을 위해
④ 어머니의 생신 선물로 드리기 위해

4

G : Tom, what is your _____ _____ 3점?

B : I like hamburgers and pizza. Do you like them, too?

G : No, I don't.

B : Then, do you like spaghetti?

G : It's not bad, but I like bulgogi _____
_____ 2점.

5

B : Jane, what are you doing?

G : I'm doing my _____ _____ 3점.

B : I see. Is it easy?

G : No, it's _____ 1점 for me.

6

① G : Have some more cookies.

　B : No, thank you.

② G : Oh, no! Are you okay?

　B : I think I _____ 2점 my _____ 2점.

③ G : Can I see your book?

　B : Sure, here you are.

④ G : Did you do your homework?

　B : No, I'm going to do it today.

듣기실력쑥

4 1+1 문제
대화를 듣고, 남자 아이가 좋아하는
음식 두 가지를 영어로 쓰시오.

→ _____

5 1+1 문제
그림을 보고, 다음 대화를 완성해 보
시오.

Q: _____ are you
_____ now?
너는 지금 무엇을 하고 있니?

A: I'm surfing the Internet.
난 인터넷을 검색하고 있어.

6 1+1 문제
대화를 듣고, 그림에 알맞은 대화를
고르시오. ················· (　)

① ② ③ ④

7

G : James, let's go to the beach tomorrow.

B : Sorry, but I can't.

G : _____ _____ [3점]? Are you _____ [2점] tomorrow?

B : _____

① Yes, I have a piano lesson.

② Yes, I have to study at the _____ [2점].

③ No, let's take a beach ball, too.

④ No, what time shall we meet?

8

B : Sumi, what did you do yesterday?

G : I went swimming with my family. How about you, Jinho?

B : I played _____ [2점] with my _____ [2점].

G : Sounds fun.

9

G : It's cold today. I don't like winter.

B : Really? Well, winter is my _____ _____ [3점].

G : Why is that?

B : Because I can _____ _____ [3점].

10

B : Aren't you hungry, Sally?

G : Yes, I am. _____ _____ [3점] is it now?

B : It's _____ _____ [3점]. Let's go out for dinner.

G : Good idea.

듣기실력쑥

7 1+1 문제
대화를 듣고, 여자 아이가 내일 가고 싶어하는 곳을 고르시오. ·····( )

① 공원
② 바닷가
③ 박물관
④ 영화관

8 1+1 문제
대화를 듣고, 다음 빈칸을 채우시오.

Q: What did Sumi do yesterday?
A: She _____ _____ with her _____.

9 1+1 어휘
계절을 나타내는 단어를 배워 봅시다.

봄 spring
여름 summer
가을 autumn / fall
겨울 winter

10 1+1 문제
대화를 듣고, 두 아이가 할 일로 알맞은 것을 고르시오. ··········( )

① 정리정돈하기
② 함께 숙제를 하기
③ 선물할 시계를 고르기
④ 저녁 식사 하러 가기

11

G : My name is Julie. I'm twelve years old. I have two
_____ [2점], Sally and Kristina. Sally is
_____ [2점] years old, and Kristina is _____ [2점]
years old.

12

W: Is something wrong?

B : I think I lost my bag.

W: Oh, no. What does it _____ _____ [3점]? Is it a
round bag?

B : No, it's a _____ [2점] bag, and it's _____ [2점].

13

W: You _____ _____ [3점] run in the classroom.

B : I'm _____ [1점], Mrs. Brown.

W: Be _____ [2점] next time.

B : Okay, I will.

14

B : Laura, is that your sister?

G : No, my sister doesn't wear _____ [2점].

B : Oh, I see. Does she have _____ _____ [3점]?

G : Yes, she does. She is very pretty.

듣 기 실 력 쑥

11 1+1 문제
다음을 듣고, Julie의 나이를 고르시
오. ·····················( )

① 8살
② 10살
③ 12살
④ 14살

12 1+1 문제
대화를 듣고, 남자 아이의 심정으로
알맞은 것을 고르시오. ·······( )

① happy
② worried
③ excited
④ angry

13 1+1 문제
대화를 듣고, 대화가 이루어지는 장소
를 고르시오. ················( )

① 교실
② 도서관
③ 식당
④ 버스 정류장

14 1+1 문제
대화를 듣고, 두 아이가 무엇에 대해 이
야기하고 있는지 고르시오 ···( )

① Laura의 주말 계획
② Laura의 여동생
③ 좋은 안경을 고르는 법
④ Laura가 원하는 헤어 스타일

15

① G : How have you been?

② G : Where is my bag?

③ G : Let me _____ 2점 my brother.

④ G : Can you _____ 2점 the _____ 2점, please?

듣기실력쑥

15 1+1 문제

다음을 듣고, 오랜만에 만난 상대에게 할 수 있는 인사말을 고르시오.

·························( )

① ② ③ ④

16

M : Excuse me, how can I get to the bookstore?

W : Go straight, and turn _____ 2점.

M : Yes, and then?

W : Go straight one block, and turn _____ 2점. It's on your left.

M : Thank you.

16 1+1 문제

대화를 듣고, 남자가 가려고 하는 곳을 고르시오. ···············( )

① 학교
② 은행
③ 서점
④ 우체국

17

① W : There are four cows and six ducks in the farm.

② W : There are four cows and three ducks in the farm.

③ W : There are five cows and six ducks in the farm.

④ W : There are _____ _____ 2점 and _____ _____ 2점 in the farm.

17 1+1 문제

다음을 듣고, 그림에 대한 설명으로 알맞은 것을 고르시오. ·······( )

① ② ③ ④

18

G : What _____ 1점 you do _____ 2점 weekend?

B : _____

① I played tennis.
② I stayed home.
③ I _____ 1점 to be a doctor.
④ I went to my grandmother's house.

19

B : You _____ _____ 3점. Are you okay?

G : _____

① No, thank you.
② Long time no see.
③ I can help you.
④ I think I have a _____ _____ 3점.

20

G : _____ 2점 is my notebook?

B : _____

① Good for you.
② I want some more.
③ It's _____ 2점 the chair.
④ Yes, you're right.

듣기실력쑥

18 1+1 듣기

다음을 듣고, 그림과 어울리는 것을
고르시오. ·················( )

① ② ③ ④

19 1+1 어휘

안부 인사로 알맞은 표현을 배워 봅시다.

How are you?
잘 있었니?
How have you been?
그 동안 어떻게 지냈니?
Long time no see.
오랜만이다.
It's nice to see you again.
너를 또 봐서 좋구나.

20 1+1 어휘

장소 또는 위치를 나타내는 표현을 배워 봅시다.

in ~안에
It's in the box.
그것은 상자 안에 있어.

on ~위에
It's on the sofa.
그것은 소파 위에 있어.

under ~밑에
It's under the table.
그것은 식탁 밑에 있어.

next to ~옆에
It's next to the supermarket.
그것은 슈퍼마켓 옆에 있어.

정답과 해석 14쪽

학습예정일	월 일	실제학습일	월 일	부모님확인란		맞은개수	

● 들려주는 단어를 잘 듣고, 영어노트에 받아쓰시오.

1 *favorite* ▶ *favorite food*

2 ▶

3 ▶

4 ▶

5 ▶

6 ▶

7 ▶

8 ▶

9 ▶

10 ▶

11 ▶

12 ▶

13 ▶

14 ▶

15 ▶

step3 4학년 영어듣기 통문장받아쓰기 03회

정답과 해석 14쪽

학습예정일	월 일	실제학습일	월 일	부모님확인란	맞은개수

● 대화를 듣고, 영어노트에 문장을 받아쓰시오.

1 A: *How is the weather today?*
 B: It's windy.

2 A:
 B: My favorite food is pizza.

3 A:
 B: I'm doing my English homework.

4 A: Can I see your book?
 B: *Sure.*

5 A:
 B: Yes, I have a piano lesson.

6 A:
 B: Yes, I am.

7 A:
 B: It's round and black.

8 A: How can I get to the bookstore?
 B:

9 A:
 B: I stayed home.

10 A:
 B: No, I have a cold.

1

다음을 듣고, 그림과 일치하는 낱말을 고르시오.
·· (   )

①   ②   ③   ④

3

그림을 보고, 그림에 알맞은 대화를 고르시오.
·· (   )

①   ②   ③   ④

2

대화를 듣고, 대화 상황에 알맞은 그림을 고르시오. ·· (   )

4

그림을 보고, 여자가 할 말로 알맞은 것을 고르시오. ·· (   )

①   ②   ③   ④

5

대화를 듣고, 남자 아이가 할 수 있는 것을 고르시오. ·· (   )

①
②
③
④

6

대화를 듣고, 두 아이가 무엇에 관해 이야기하고 있는지 고르시오. ························· (   )

① 학교 숙제
② 좋아하는 과목
③ 겨울방학 계획
④ 영어 말하기 대회

7

대화를 듣고, 지금의 날씨를 고르시오. ·· (   )

①
②
③
④

8

그림을 보고, 그림에 알맞은 대화를 고르시오.
·· (   )

①   ②   ③   ④

9

대화를 듣고, 오늘이 무슨 요일인지 고르시오.
·· (   )

① 월요일   ② 화요일
③ 수요일   ④ 목요일

10

대화를 듣고, Kate가 미국에 가는 이유를 고르시오. ·····························( )

① 사촌을 방문하기 위해
② 가족과 여행하기 위해
③ 디즈니랜드에 가기 위해
④ 친척의 결혼식에 가기 위해

11

대화를 듣고, 남자 아이가 산 물건의 가격이 알맞게 짝지어진 것을 고르시오. ···········( )

	펜	공책
①	$2	$2
②	$2	$3
③	$3	$2
④	$3	$3

12

대화를 듣고, 여자 아이가 받고 싶어하는 선물을 고르시오. ·····························( )

①    ②

③    ④

13

대화를 듣고, 어떤 상황에 나눌 수 있는 대화인지 고르시오. ·····························( )

① 사과할 때
② 도움을 요청할 때
③ 물건을 빌릴 때
④ 집에 초대할 때

14

대화를 듣고, 여자 아이의 물건과 색이 알맞게 짝지어진 것을 고르시오. ·················( )

	물건	색
①	공책	갈색
②	공책	파란색
③	필통	갈색
④	필통	파란색

15

대화를 듣고, 나미의 여동생을 고르시오.
·· (　　)

16

대화를 듣고, 대화가 이루어지는 장소를 고르시
오 ··· (　　)

① 은행
② 식당
③ 수영장
④ 도서관

17

다음을 듣고, 대답으로 알맞지 <u>않은</u> 것을 고르시
오 ··· (　　)

① 　　　② 　　　③ 　　　④

18

다음을 듣고, 대답으로 알맞지 <u>않은</u> 것을 고르시
오 ··· (　　)

① 　　　② 　　　③ 　　　④

19

다음을 듣고, 대답으로 알맞은 것을 고르시오.
·· (　　)

① 　　　② 　　　③ 　　　④

20

다음을 듣고, 대답으로 알맞은 것을 고르시오.
·· (　　)

① 　　　② 　　　③ 　　　④

●MP3 파일을 잘 듣고, 빈칸을 채우시오.

1

① W : _____ 1점
② W : _____ 1점
③ W : summer
④ W : subway

2

W : Are you ready to _____ 2점?
M : Yes, I'll have the cream spaghetti, please.
W : Okay, anything else?
M : Oh, and _____ _____ 3점, too.

3

① G : Are you busy now?
  B : Yes, I am.
② G : Happy birthday, Minsu!
  B : Thank you for coming.
③ G : I didn't _____ 2점 the test.
  B : _____ _____ 3점. You will do better next time.
④ G : I'm hungry. Let's have lunch.
  B : Good idea.

듣 기 실 력 쑥

1 1+1 문제
다음을 듣고, 빈칸에 들어갈 수 있는 낱말을 고르시오. ………( )

| spring → _____ |
| → fall → winter |

① ② ③ ④

2 1+1 문제
대화를 듣고, 남자가 주문한 음식이 알맞게 짝지어진 것을 고르시오.
…………………( )

① 스파게티, 레모네이드
② 스파게티, 오렌지 주스
③ 스테이크, 레모네이드
④ 스테이크, 오렌지 주스

3 1+1 문제
다음을 듣고, 상대방을 위로하는 표현이 들어간 대화를 고르시오. ‥( )

① ② ③ ④

4

① W : Nice to meet you.
② W : Did you _____ [2점] your homework?
③ W : What time did you wake up?
④ W : I think you should go to the _____ [2점].

5

G : Tom, let's go swimming.
B : Sorry Sally, I _____ [1점] swim.
G : Then, how about playing tennis?
B : I can't play tennis, either. But I can play _____ [2점].

6

B : I think science is very fun. Do you _____ [2점] it too, Lily?
G : No, it's too difficult. I like _____ [2점].
B : Oh, really? Why?
G : Because I like numbers.

7

G : How's the weather?
B : It's _____ [2점].
G : Oh no! I didn't _____ [2점] my _____ [2점].
B : I have two umbrellas. You can borrow one.

듣 기 실 력 쑥

4 1+1 문제
다음을 듣고, 처음 만난 상대에게 하는 인사말로 알맞은 것을 고르시오.
·······························( )

① ② ③ ④

5 1+1 문제
대화를 듣고, Sally가 Tom에게 제안한 스포츠 두 가지를 우리말로 적으시오.

→ _____

6 1+1 문제
대화를 듣고, 남자 아이와 여자 아이가 좋아하는 과목이 알맞게 짝지어진 것을 고르시오. ············( )

	남자 아이	여자 아이
①	수학	영어
②	수학	과학
③	과학	수학
④	과학	영어

7 1+1 문제
대화를 듣고, 이어질 여자 아이의 응답으로 알맞은 것을 고르시오 ··( )

① No, I didn't.
② Thank you very much.
③ See you next time.
④ I'm going home.

8

① G : How much is your shirt?

　 B : It's ten dollars.

② G : Would you close the door, please?

　 B : No problem.

③ G : I'm so _____ 2점 .

　 B : Don't be _____ 1점 , it will be fun!

④ G : Did you eat breakfast?

　 B : No, I was too busy this morning.

9

G : _____ _____ 3점 is it today, John?

B : It's Wednesday.

G : Wednesday? But _____ 2점 was Wednesday.

B : Oh, you're right. Then it's _____ 2점 .

10

B : You look excited, Kate. What's up?

G : I'm going to America next week.

B : Really? Sounds wonderful.

G : Yes. I'm going to _____ 2점 my _____ 2점 .

11

B : Excuse me, _____ _____ 3점 is this _____ 2점 ?

W : It's two dollars.

B : Okay, and what about this _____ 2점 ?

듣 기 실 력 쑥

8 1+1 문제

그림을 보고, 그림에 알맞은 대화를 고르시오. ·················· (　)

① 　 ② 　 ③ 　 ④

9 1+1 문제

대화를 듣고, 두 사람이 무엇에 관해 이야기하고 있는지 고르시오. ···(　)

① 날씨
② 날짜
③ 요일
④ 계절

10 1+1 문제

대화를 듣고, 다음 질문에 대한 답을 완성하시오.

Q: When is Kate going to America?

A: She is going to America _____ _____ .

11 1+1 문제

대화를 듣고, 남자 아이가 살 물건을 영어로 쓰시오.

→ _____

W: It's three dollars.

B : I see. I'll buy two pens and one notebook.

듣 기 실 력 쑥

12

B : When is your birthday, Mina?

G : It's next Friday.

B : What do you want for a _____ 2점 ?

G : I want a _____ 2점 .

12 1+1 문제
대화를 듣고, 미나의 생일이 무슨 요일인지 고르시오 ·········( )

① 수요일
② 목요일
③ 금요일
④ 토요일

13

G : Oh no, this box is too heavy. Can you _____ 2점 me, Tom?

B : Sure. I can do that.

G : That's very _____ 1점 of you.

13 1+1 어휘
상대방의 도움에 감사하는 표현을 배워 봅시다.
Thank you very much.
정말 감사합니다.
I appreciate it.
그것에 감사하고 있습니다.
That's very kind of you.
당신은 참 친절하시군요.

14

(Telephone rings.)

B : Hello?

G : Hi, This is Jane. Is there a _____ 2점 _____ _____ 3점 in your room?

B : A _____ 2점 pencil case? (Pause) Yes, is it yours?

G : Yes, it is. Can you give it to me tomorrow?

B : Sure.

14 1+1 문제
대화를 듣고, 여자 아이가 전화를 건 이유를 고르시오 ·········( )

① 숙제를 물어보기 위해
② 약속시간을 변경하기 위해
③ 두고 온 물건을 확인하기 위해
④ 쇼핑을 같이 가자는 제안을 하기 위해

15

B : Nami, is your sister playing tennis?

G : No, she's not.

B : Then, is she with her dog?

G : No, she's not. She is _____ [2점] to _____ [2점] on the _____ [2점].

15 1+1 문제

대화를 듣고, 두 사람이 무엇에 관해 이야기하고 있는지 고르시오. ···( )

① 오늘의 날씨
② 공원에 가는 법
③ 나미의 여동생
④ 사야 할 책

16

B : Excuse me.

G : Yes?

B : You have to _____ _____ [3점] here. Everyone is reading a _____ [1점].

G : I see. I'm sorry.

16 1+1 문제

대화를 듣고, 남자 아이에 대한 설명으로 옳은 것을 고르시오. ····( )

① 책을 찾고 있다.
② 길을 묻고 있다.
③ 주의를 주고 있다.
④ 소란스럽게 행동하고 있다.

17

B : What did you do _____ [2점], Susan?

G : _____

① I studied all day.

② I watched a movie.

③ I went to church with my sister.

④ I'm _____ _____ [3점] learn English.

17 1+1 문제

대화를 듣고, 남자 아이가 무엇에 관해 묻고 있는지 우리말로 쓰시오.

→ _____

18

G : _____ 2점 do you go to _____ 2점 every day?

B : _____

① I ride my bicycle.
② I take the subway.
③ I wake up at eight o'clock.
④ I _____ 2점 to school.

18 1+1 문제
다음을 듣고, 그림과 어울리는 것을
고르시오. ……………… (   )

① ② ③ ④

19

B : _____ _____ 3점 pencils do you
        _____ 2점 ?

G : _____

① I need _____ 1점 .
② Sure, no problem.
③ I want to buy a pen.
④ I have ten dollars.

19 1+1 문제
보기를 듣고, 다음 질문에 어울리는
대답을 고르시오. ……… (   )
Q: Could you close the window?
A: _____
① ② ③ ④

20

W: _____ 2점 can I _____ _____ 3점 the
        nearest bus stop?

M : _____

① Let's meet at seven.
② It's _____ 2점 the street.
③ The bus is _____ 2점 .
④ You're too late.

20 1+1 문제
다음을 듣고, 여자가 가려고 하는 곳
을 고르시오. ……………… (   )
① 은행
② 공원
③ 슈퍼마켓
④ 버스 정류장

step2 4학년 영어듣기 낱말받아쓰기  04회

정답과 해석 19쪽

학습예정일	월 일	실제학습일	월 일	부모님확인란		맞은개수	

● 들려주는 단어를 잘 듣고, 영어노트에 받아쓰시오.

1 else ▶ Anything else?

2 ▶

3 ▶

4 ▶

5 ▶

6 ▶

7 ▶

8 ▶

9 ▶

10 ▶

11 ▶

12 ▶

13 ▶

14 ▶

15 ▶

정답과 해석 19쪽

학습예정일	월 일	실제학습일	월 일	부모님확인란	맞은개수

● 대화를 듣고, 영어노트에 문장을 받아쓰시오.

1 A: *Are you busy now?*

  B: Yes, I am.

2 A: I'm hungry. Let's have lunch.

  B:

3 A:

  B: I can't play tennis, but I can play soccer.

4 A: Why do you like math?

  B:

5 A:

  B: It started to rain.

6 A:

  B: It's ten dollars.

7 A:

  B: I'm going to America next week.

8 A: What do you want for a present?

  B:

9 A: *Excuse me.*

  B: I'm sorry.

10 A:

  B: I watched a movie.

05회 4학년 영어듣기 모의고사

정답과 해석 20쪽

학습예정일	월 일	실제학습일	월 일	부모님확인란		점수	

1

다음을 듣고, 첫소리가 다른 낱말을 고르시오.
………………………………………… (   )

①   ②   ③   ④

2

다음을 듣고, 내용과 일치하는 그림을 고르시오.
………………………………………… (   )

①   ②

③    ④

3

다음을 듣고, 처음 만난 친구에게 할 수 있는 말로 알맞은 것을 고르시오. …………… (   )

①   ②   ③   ④

4

대화를 듣고, 민수와 지나가 좋아하는 과일이 알맞게 짝지어진 것을 고르시오. ……… (   )

	민수	지나
①	복숭아	사과
②	복숭아	수박
③	수박	사과
④	수박	복숭아

5

대화를 듣고, 남자 아이가 할 수 있는 것을 고르시오. ………………………………… (   )

①    ②

③    ④

6

대화를 듣고, 두 사람이 무엇에 관해 이야기하고 있는지 고르시오. ·········· (　　)

① 장래 희망
② 방학 계획
③ 부모님의 직업
④ 좋아하는 가수

7

다음을 듣고, 사과하는 표현이 담긴 대화를 고르시오. ················ (　　)

①　　　　②　　　　③　　　　④

8

그림을 보고, 그림에 알맞은 대화를 고르시오. ················ (　　)

①　　　　②　　　　③　　　　④

9

대화를 듣고, 여자 아이가 지난 주말에 한 일을 고르시오. ················ (　　)

① 박물관 견학하기
② 공원에서 산책하기
③ 도서관에서 책을 빌리기
④ 야구 시합을 보러 가기

10

대화를 듣고, 여자 아이가 동물원에 가지 못하는 이유를 고르시오. ·········· (　　)

① 남동생을 돌봐야 해서
② 수학 숙제를 해야 해서
③ 할머니 댁을 방문해야 해서
④ 다른 친구와 가기로 약속을 해서

11

대화를 듣고, 과일은 모두 몇 개가 있는지 고르시오. ················ (　　)

① 6
② 7
③ 8
④ 9

12

대화를 듣고, 두 사람이 만나기로 한 시각을 고르시오. ···································· (   )

① 오전 8시
② 오전 9시
③ 오전 10시
④ 오전 11시

13

다음을 듣고, 친구와 헤어질 때 할 수 있는 표현을 고르시오. ···························· (   )

①   ②   ③   ④

14

다음을 듣고, 자연스럽지 않은 대화를 고르시오. ···································· (   )

①   ②   ③   ④

15

대화를 듣고, 나미의 남동생으로 알맞은 그림을 고르시오. ···························· (   )

①   ②

③   ④

16

대화를 듣고, 여자 아이가 사려고 하는 물건과 그 개수를 고르시오. ························ (   )

	사려고 하는 물건	개수
①	공책	3
②	공책	5
③	지우개	3
④	지우개	5

17

그림을 보고, 그림에 알맞은 설명을 고르시오.
································· ( )

①   ②   ③   ④

18

다음을 듣고, 이어질 말로 알맞은 것을 고르시
오. ···························· ( )

①   ②   ③   ④

19

대화를 듣고, 이어질 말로 알맞은 것을 고르시
오. ···························· ( )

① What a nice bicycle!
② Cheer up. You'll find it.
③ You should wake up now.
④ You're very lucky.

20

대화를 듣고, 이어질 말로 알맞은 것을 고르시
오. ···························· ( )

① Sure. Why not?
② I go to sleep at nine.
③ You should take an umbrella.
④ Yes, I'm watching a movie.

step 1

4학년 영어듣기 **어구받아쓰기** 05회

| 학습예정일 | 월 일 | 실제학습일 | 월 일 | 부모님확인란 | | 점수 | |

정답과 해석 20쪽

● MP3 파일을 잘 듣고, 빈칸을 채우시오.

1
① W : _____ 1점
② W : parents
③ W : _____ 1점
④ W : pencil

2
M : What a _____ _____ 3점 !

3
① G : You're welcome.
② G : Nice to _____ 2점 you.
③ G : It's time to eat lunch.
④ G : Long time _____ 2점 see.

4
B : What are you eating, Gina?
G : I'm eating a _____ 2점 .
B : Do you like peaches?
G : Yes, I do. How about you, Minsu?
B : Well, I _____ 2점 like them. I like _____ 2점 .

듣기실력 쑥

1 1+1 문제
다음 그림에 알맞은 낱말을 고르시오.
..............................( )

① ② ③ ④

2 1+1 문제
주어진 뜻에 맞게 빈칸을 채우시오.
_____ a tall _____!
정말 키가 큰 나무구나!

3 1+1 문제
다음을 듣고, 주어진 문장에 이어질 대답을 고르시오. ....( )
A: Thanks for the present.
B: _____
① ② ③ ④

4 1+1 문제
대화를 듣고, 두 사람이 무엇에 관해 이야기하고 있는지 고르시오. ...( )
① 음료수의 종류
② 좋아하는 과일
③ 내일 해야 할 일
④ 슈퍼마켓에 가는 길

5

G : Wow, you're a _____ _____ [3점], Kevin!

B : Thanks, Sarah. My hobby is playing the piano.

G : Can you play the violin, too?

B : No, but I want to _____ [2점] it someday.

6

B : Mary, what do you want to be when you _____ _____ [3점]?

G : I want to be a _____ [1점]. How about you, Peter?

B : I want to be a police officer.

G : That sounds cool.

7

① W : Can you give me a hand?

　M : Sure, no problem.

② W : Where are you going?

　M : I'm going to the library.

③ W : I'm very _____ [2점] I'm _____ [2점].

　M : Don't be late again.

④ W : I want to buy some pens.

　M : Here you go. They are one dollar each.

5 1+1 문제

대화를 듣고, 내용과 일치하는 것을 고르시오. ················(　)

① Sarah는 피아니스트이다.

② Sarah는 Kevin에게 피아노를 가르치고 있다.

③ Kevin은 바이올린을 배우고 싶어 한다.

④ Kevin은 피아노보다 바이올린을 더 잘 연주한다.

6 1+1 문제

대화를 듣고, Mary와 Peter의 장래 희망이 알맞게 짝지어진 것을 고르시오. ···············(　)

	Mary	Peter
①	의사	선생님
②	의사	경찰관
③	경찰관	선생님
④	경찰관	의사

7 1+1 문제

다음을 듣고, 물건을 살 때 할 수 있는 대화를 고르시오. ··········(　)

①　　②　　③　　④

8

① M: Where is my movie ticket?

　W: It's under the sofa.

② M: Excuse me. How can I get to the _____ [2점]?

　W: Go straight and turn right.

③ M: _____ _____ [3점] oranges do you have?

　W: I have ten oranges.

④ M: How do you go to work?

　W: I take the subway.

9

G : Sam, did you have a good weekend?

B : Yes, I did. I _____ [2점] to a _____ [2점] game.

G : Really? I went to a baseball game, _____ [2점]!

B : Wow, nice. Well, I had a great time there.

10

B : Lisa, let's go to the zoo this Saturday!

G : Saturday? Sorry Thomas, but I can't.

B : Why?

G : I have to _____ _____ _____ [5점] my brother.

11

B : How many bananas are in the box?

G : There are _____ [2점] bananas.

B : How many apples are there?

G : There are _____ [2점] apples.

듣기실력 쑥

8 | 1+1 어휘

길을 묻는 표현을 배워 봅시다.

Where is the bank?
은행은 어디에 있습니까?
How can I get to the bank?
은행에 어떻게 갑니까?
Can you show me the way to the bank?
은행에 가는 길을 가르쳐 주실 수 있습니까?

9 | 1+1 문제

대화를 듣고, 두 사람이 무엇에 관해 이야기하고 있는지 고르시오. … (　)

① 변경된 약속 장소
② 지난 주말에 한 일
③ 내일의 날씨 예보
④ 취미로 삼기 좋은 운동

10 | 1+1 문제

대화를 듣고, Thomas가 함께 가자고 제안한 장소와 그 요일이 알맞게 짝지어진 것을 고르시오. …… (　)

	장소	요일
①	동물원	토요일
②	동물원	일요일
③	놀이공원	토요일
④	놀이공원	일요일

11 | 1+1 문제

대화를 듣고, 대화에서 나온 과일을 모두 나열한 것을 고르시오. ‥(　)

① 바나나, 복숭아
② 바나나, 사과
③ 사과, 오렌지
④ 사과, 복숭아

12

G : Tom, let's go to the beach tomorrow.

B : Good idea. _____ _____ [3점] shall we _____ [2점]?

G : Hmm, how about _____ [2점] o'clock in the morning?

B : Sounds good. See you then!

12 [1+1 문제]
대화를 듣고, 두 사람이 내일 가기로 한 곳을 고르시오. ·········· (   )
① 공항
② 바닷가
③ 영화관
④ 야구장

13

① B : It's very nice to see you.

② B : It's _____ [2점] outside.

③ B : You were late yesterday.

④ B : _____ _____ [3점] next Monday.

13 [1+1 문제]
다음을 듣고, 친구와 만났을 때 할 수 있는 표현을 고르시오. ······· (   )
①   ②   ③   ④

14

① G : How old are you?

 B : I'm 13 years old.

② G : Why are you so _____ [2점]?

 B : My sister broke my glasses.

③ G : Would you like some _____ [2점] sandwiches?

 B : Yes, I want to be a _____ [2점].

④ G : Do you remember when my birthday is?

 B : I do. It's next Wednesday, right?

14 [1+1 문제]
다음을 듣고, 나이를 묻고 답하는 대화를 고르시오. ············· (   )
①   ②   ③   ④

15

B : Nami, I can't find your brother. What does he look like?

G : Well, he has _____ [2점] eyes.

B : Is he _____ [2점] glasses?

G : No, he _____ [2점]. He is wearing a _____ [2점].

16

M : May I help you?

G : I'm looking for _____ [2점].

M : Here are some fine erasers. How _____ [2점] do you need?

G : Hmm, I need _____ [2점]. How much are those?

M : One dollar each.

17

① W : There are three tables and three chairs in the room.

② W : There are _____ _____ [2점] and _____ _____ [2점] in the room.

③ W : There are three tables and four chairs in the room.

④ W : There are four tables and four chairs in the room.

듣기실력 쑥

15 1+1 문제
대화를 듣고, 두 사람이 무엇에 관해 이야기하고 있는지 고르시오. … (   )

① 안경의 가격
② 모자의 종류
③ 나미의 남동생
④ 나미가 받은 선물

16 1+1 문제
대화를 듣고, 여자 아이가 내야 할 총 금액을 고르시오. ………… (   )

① $3
② $5
③ $10
④ $15

17 1+1 문제
그림을 보고, 질문에 맞게 답의 빈칸을 채워 보시오.

Q: How many tables and chairs are there?

A: _____ are _____ tables and _____ chairs in the room.

18

B : _____ 2점 are you doing _____ _____ 3점 ?

G : _____

① Today is Saturday.

② You're welcome.

③ I'm fine. How about you?

④ My father's birthday is next _____ 2점 .

듣 기 실 력 쑥

18 1+1 문제

보기를 잘 듣고, 다음의 질문에 대한 답으로 알맞은 것을 고르시오 ···(   )

Q: What day is it today?

A: _____

①   ②   ③   ④

19

B : What's the _____ 2점 , Lucy?

G : I think I _____ 2점 my bicycle.

B : _____

19 1+1 문제

대화를 듣고, Lucy의 문제가 무엇인지 고르시오 ··············(   )

① 길을 잃었다.

② 친구와 말다툼을 했다.

③ 시험 성적이 좋지 않다.

④ 자전거를 잃어버렸다.

20

G : Larry, _____ 2점 are you going?

B : I'm going to the movie theater. Will you come _____ _____ 3점 ?

G : _____

20 1+1 문제

대화를 듣고, Larry가 가려고 하는 곳을 고르시오. ··············(   )

① 학교

② 영화관

③ 체육관

④ 식당

step 2 4학년 영어듣기 낱말받아쓰기 05회

정답과 해석 24쪽

학습예정일	월 일	실제학습일	월 일	부모님확인란		맞은개수

● 들려주는 단어를 잘 듣고, 영어노트에 받아쓰시오.

1	*lunch* ▶ *lunchtime*
2	▶
3	▶
4	▶
5	▶
6	▶
7	▶
8	▶
9	▶
10	▶
11	▶
12	▶
13	▶
14	▶
15	▶

step3 4학년 영어듣기 통문장받아쓰기 05회

정답과 해석 24쪽

학습예정일	월 일	실제학습일	월 일	부모님확인란	맞은개수

● 대화를 듣고, 영어노트에 문장을 받아쓰시오.

05회

1 A: *Can you play the violin?*
　 B: No, but I want to learn it.

2 A: _____
　 B: Sure. No problem.

3 A: _____
　 B: I'm going to the library.

4 A: Where is my movie ticket?
　 B: _____

5 A: How many bananas are in the box?
　 B: _____

6 A: _____
　 B: Let's meet at nine o'clock in the morning.

7 A: Do you remember when my birthday is?
　 B: *Yes.*

8 A: _____
　 B: He has big eyes.

9 A: How may I help you?
　 B: _____

10 A: _____
　 B: I think I lost my bicycle.

4학년 영어듣기 모의고사

정답과 해석 25쪽

학습예정일	월 일	실제학습일	월 일	부모님확인란	점수

1

그림을 보고, 알맞은 단어를 고르시오.
.... (   )

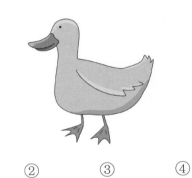

①   ②   ③   ④

2

대화를 듣고, 지금 날씨로 알맞은 것을 고르시오. .... (   )

①    ②

③    ④

3

그림을 보고, 남자 아이가 할 말로 알맞은 것을 고르시오. .... (   )

①   ②   ③   ④

4

그림을 보고, 그림에 알맞은 대화를 고르시오.
.... (   )

①   ②   ③   ④

5

대화를 듣고, 남자 아이의 동생의 나이를 고르시오. ··································· (   )

① 5세　　　　　② 6세
③ 7세　　　　　④ 8세

6

다음을 듣고, 내용과 일치하지 <u>않는</u> 것을 고르시오. ··································· (   )

① 7시에 일어난다.
② 7시 10분에 세수와 양치질을 한다.
③ 7시 30분까지 빵을 먹고 우유를 마신다.
④ 8시에 학교에 간다.

7

대화를 듣고, 내일의 날씨를 고르시오.
··································· (   )

① 내일은 비가 올 것 이다.
② 내일은 화창할 것이다.
③ 내일은 눈이 올 것이다.
④ 내일은 바람이 불 것이다.

8

그림을 보고, 알맞은 대화를 고르시오.
··································· (   )

①　　　②　　　③　　　④

9

그림을 보고, 알맞은 대화를 고르시오.
··································· (   )

①　　　②　　　③　　　④

10

대화를 듣고, 여자 아이가 어젯밤에 한 일을 고르시오. ···························· (   )

① 영어 숙제
② 수학 숙제
③ 책 읽기
④ 게임

11

대화를 듣고, 남자가 추천한 물건과 그 가격이 바르게 짝지어진 것을 고르시오. ·········· (   )

① 빨간 모자 – 12 달러
② 노란 모자 – 20 달러
③ 노란 모자 – 12 달러
④ 빨간 모자 – 20 달러

12

대화를 듣고, 오늘이 무슨 요일인지 고르시오.
···························· (   )

① 월요일   ② 화요일
③ 금요일   ④ 토요일

13

대화를 듣고, 언제 사용하는 표현인지 고르시오.
···························· (   )

① 헤어질 때
② 밥 먹을 때
③ 만났을 때
④ 날짜를 물을 때

14

대화를 듣고, 여자 아이의 상태가 어떤지 고르시오. ···························· (   )

①  ②

③  ④

15

대화를 듣고, 대화가 이루어지고 있는 장소를 고르시오. ······························· (   )

① 교실
② 백화점
③ 도서관
④ 서점

16

다음을 듣고, 여자 아이가 사려는 것을 고르시오. ································· (   )

① 사과
② 오렌지
③ 포도
④ 배

17

대화를 듣고, 이어질 응답으로 적절하지 <u>않은</u> 것을 고르시오. ···················· (   )

① I want to see the movie, too
② You had a fun day.
③ You enjoyed the movie.
④ You had a terrible day.

18

대화를 듣고, 이어질 응답으로 적절한 것을 고르시오. ······························· (   )

① I go to church.
② I can play soccer.
③ I met my friends.
④ I don't have any money.

19

대화를 듣고, 이어질 응답으로 적절한 것을 고르시오. ······························· (   )

① No problem.
② Don't worry.
③ Really? Thank you.
④ I'm sorry.

20

대화를 듣고, 이어질 응답으로 적절한 것을 고르시오. ······························· (   )

① Because I want to go to the hospital.
② Because I want to go to the zoo.
③ Because I want to help sick animals.
④ Because I am sick.

step 1

4학년 영어듣기 **어구받아쓰기**  **06**회

| 학습예정일 | 월 일 | 실제학습일 | 월 일 | 부모님확인란 | | 점수 | | 정답과 해석 25쪽 |

● MP3 파일을 잘 듣고, 빈칸을 채우시오.

1

① M : cat
② M : _____ 1점
③ M : elephant
④ M : _____ 1점

2

G : _____ 2점 the _____ 2점 outside?
B : It's very _____ 2점.
G : Let's go to the beach!
B : OK! That's a good idea!

3

① B : How old are you?
② B : Whose pencil is it?
③ B : How many pencils do you have?
④ B : _____ _____ 3점 is it?

4

① B : How's the weather?
  G : It's snowing.
② B : Is this your jacket?
  G : No, it isn't.

1 1+1 어휘
동물과 동물의 아기들의 단어를 익혀
봅시다.

고양이 cat – kitten
개 dog – puppy
오리 duck – duckling
돼지 pig – piglet
소 cow – calf

2 1+1 문제
다음을 읽고, 가장 알맞은 대답을 고
르시오. ·····················( )

A: How's the weather outside?
B: _____
① It's Monday.
② It's June 2nd.
③ It's raining outside.
④ It's mine.

3 1+1 문제
자연스러운 대화가 되도록 빈칸을 채
우시오.

A: _____ _____
   pencils are there?
B: There are nine pencils.

4 1+1 어휘
How do you do?는 처음 만나는 사
람에게 말하는 표현으로 상대방이 먼
저 "How do you do?"라고 하면 똑
같이 "How do you do?"라고 하면
됩니다.

③ B : Can you swim?
　　G : No, I can't.
④ B : _____ [2점] do you _____ [2점]?
　　G : How do you do?

5

G : Who's this?
B : He is my younger brother.
G : _____ _____ [3점] is he now?
B : He is _____ [2점] years old.

6

B : This is my day. I get up at seven o'clock. I wash my face and brush my teeth at seven ten. I eat _____ _____ _____ [4점] and drink milk by seven fifty. I go to school at eight o'clock.

7

G : It's raining outside.
B : Yes, I know.
G : Can we go on our trip tomorrow?
B : Don't worry. _____ [2점] will be a _____ [2점] day.
G : That's good news!

듣기실력 쑥

5 1+1 문제
다음을 읽고, 각각의 나이를 숫자로 적으시오.

> Hello! My name is Mina. I am nine years old. I have two sisters. My younger sister is seven and my older sister is eleven. I love my sisters.

1. 미나: _____ years old
2. 여동생: _____ years old
3. 언니: _____ years old

6 1+1 문제
다음을 듣고, 남자 아이가 학교 가기 전에 하는 일이 <u>아닌</u> 것을 고르시오.
‥‥‥‥‥‥‥‥‥‥‥ (　)

①

②

③

④

7 1+1 문제
다음을 읽고, 내일 할 일과 날씨를 우리말로 적으시오.

> Tomorrow will be exciting, because it's my first trip with my friends. And the weather will be sunny. I think I need to wear sunglasses and a hat.

1. 할 일 → _____
2. 날씨 → _____

8

① G : What do you _____ [2점] in your hands?

　B : I have a _____ [2점].

② G : What are you doing?

　B : I'm swimming.

③ G : Are you a doctor?

　B : Yes, I am.

④ G : Is she your sister?

　B : Yes, she is.

9

① G : Good night!

　M: Good night!

② G : What is this?

　M: It's a dog.

③ G : _____ _____ [3점] is it?

　M: It's seven o'clock.

④ G : Do you watch TV?

　M: Yes, I do.

10

G : I'm tired.

B : What's wrong?

G : I couldn't sleep well last night.

B : What did you do?

G : I did _____ _____ [3점] until midnight.

8 1+1 문제

그림을 보고, 주어진 단어를 이용하여 문장을 완성하시오.

she / a bag / her / has / hand / in

① _____

playing / the guitar / he / is

② _____

9 1+1 문제

다음을 읽고, 지금 시간을 우리말로 쓰시오.

① A: What time is it?
　B: It's seven ten.
② A: What time is it?
　B: It's twelve o'clock.

① _____
② _____

10 1+1 문제

다음 현재형 문장을 과거형으로 바꿔 쓰시오.

1. I go to the park.
→ _____

2. She can swim.
→ _____

3. They do their homework.
→ _____

11

B : May I help you?

G : Yes, I'm looking for my mom's birthday present.

B : Okay, how about this _____ _____ [3점]?

G : It's beautiful. _____ _____ [3점] is it?

B : It's _____ [2점] dollars.

12

B : What time is it now?

W: It's 9:10.

B : Oh, no! I'm late for school.

W: What are you talking about? _____ [2점] is

_____ [2점].

13

B : _____ [2점] you later!

G : _____ _____ [3점]!

14

B : Is this your _____ _____ [3점]?

G : Yes, it is.

B : When did you buy it?

G : My father _____ [2점] it for me yesterday.

B : It looks great!

G : Thanks, I like it very much. I am so happy.

틀기실력 쑥

11 1+1 문제

대화를 듣고, 대화가 일어나는 장소로 가장 알맞은 것을 고르시오. ‥( )

① 식당　　　② 학교
③ 가게　　　④ 공항

12 1+1 어휘

요일, 날짜, 시간, 날씨를 말할 때는 it을 사용합니다. 이때 it은 보통 해석하지 않습니다.

1. What day is it?
   무슨 요일입니까?
   It's Wednesday.
   수요일입니다.

2. What's the date today?
   오늘은 며칠입니까?
   It's June 13th.
   6월 13일입니다.

3. How's the weather today?
   오늘 날씨가 어떤가요?
   It's sunny.
   화창합니다.

13 1+1 문제

다음 중 헤어질 때 하는 인사말이 아닌 것을 고르시오. ‥‥‥‥‥( )

① Have a nice day!
② Good morning.
③ So long.
④ Take care.

14 1+1 어휘

for는 여러 가지 뜻을 가지고 있지만, 기본으로 이 두 가지 뜻은 꼭 기억해 둡시다.

1. ~위해
I took a book for you.
나는 너를 위해 책 한 권을 가져왔다.

2. ~동안
I studied math for two hours.
나는 두 시간 동안 수학 공부를 했어.

15

B : Excuse me, I want to _____ [2점] some

_____ [2점].

W: Okay, do you have a _____ _____ [3점]?

B : No, I don't. Can I make one now?

W: Sure. What's your name?

B : I'm Steve.

16

G : Excuse me, sir. I _____ _____ [3점].

M: How many do you want?

G : I just want five oranges.

M: What about some delicious apples?

G : I _____ _____ [3점] apples.

M: Okay. Here you are. That's 5,000 won.

17

G : Andy, what did you do yesterday?

B : I went to see a _____ [2점] with my brother.

G : Was the movie exciting?

B : Yes, it was really _____ [2점].

G : _____

15 1+1 문제

다음을 읽고, 대화가 이루어지고 있는
장소를 고르시오. ··········( )

> A : May I help you?
> B : I'm looking for a book
>   about cats.
> A : Okay. Here you are.
> B : Thank you. How much is
>   it?
> A : It's ten dollars.

① 학교
② 도서관
③ 친구 집
④ 서점

16 1+1 어휘

과일 이름을 영어로 알아봅시다.

grapes 포도
pear 배
orange 오렌지
plum 자두
watermelon 수박
strawberry 딸기
grapefruit 자몽
mango 망고

17 1+1 문제

친구와 어제 한 일을 주어진 동사의
과거형을 사용해서 말해 보시오.

> went saw looked watched
> drank ate met read wrote

A: What did you do yesterday?
B: I _____.
  나는 쇼핑 갔어.

18

B : What do you do _____ _____ [3점]?

G : I _____ [2점] soccer with my friends.

B : That sounds fun!

G : _____ _____ [3점] you?

B : _____

19

G : _____ [2점] is my jacket?

B : Why? Is it cold outside?

G : Yes, it's windy outside.

B : I _____ [2점] your jacket in your _____ [2점].

G : _____

20

B : What does your father do?

G : He is a doctor.

B : What do you want to be?

G : I want to be a _____ [2점].

B : _____ [2점] do you want _____ _____ [3점] a _____ [2점]?

G : _____

듣 기 실 력 쑥

18

What did you do on Sunday? 와 What do you do on Sundays?

매주 일요일마다 무엇을 하는지 묻고 싶다면 "What do you do on Sundays?"라고 물어야 하지만, 특정한 일요일에 무엇을 했는지 과거 사실을 묻고 싶다면 "What did you do on Sunday?"라고 물어야 합니다. 과거형 did와 Sundays의 복수형 s의 차이에 주의하세요!

19 1+1 문제

그림을 보고, 보기에서 골라 빈칸에 알맞은 말을 쓰시오.

보기 on   under   next to

A: Where is my bag?

B: It's _____ your bed.

20 1+1 문제

다음을 읽고, Mina와 Tom이 되고 싶어 하는 것을 우리말로 쓰시오.

A: What do you want to be when you grow up, Tom?

B: I want to be a pilot. I want to fly a plane.

A: That sounds wonderful!

B: How about you, Mina?

A: I want to be a nurse. I want to help sick people.

Mina → _____

Tom → _____

정답과 해석 29쪽

학습예정일	월 일	실제학습일	월 일	부모님확인란		맞은개수	

● 들려주는 단어를 잘 듣고, 영어노트에 받아쓰시오.

1 *look* ▶ *look at*

2 ▶

3 ▶

4 ▶

5 ▶

6 ▶

7 ▶

8 ▶

9 ▶

10 ▶

11 ▶

12 ▶

13 ▶

14 ▶

15 ▶

정답과 해석 29쪽

학습예정일	월 일	실제학습일	월 일	부모님확인란		맞은개수	

● 대화를 듣고, 영어노트에 문장을 받아쓰시오.

1　A: How old is your brother?

　　B: *He is seven years old.*

2　A: _____

　　B: Don't worry.

3　A: You look tired. What's wrong?

　　B: _____

4　A: _____

　　B: I play soccer with my friends.

5　A: _____

　　B: I want to be a nurse.

6　A: What did you do yesterday?

　　B: _____

7　A: _____

　　B: Yes, I know.

8　A: See you later!

　　B: _____

9　A: Oh, no! I'm late for school.

　　B: _____ *Today is Sunday.*

10　A: _____

　　B: He is a doctor.

07회 4학년 영어듣기 모의고사

정답과 해석 30쪽

학습예정일	월 일	실제학습일	월 일	부모님확인란		점수	

1

그림을 보고, 알맞은 단어를 고르시오.
·· (   )

①   ②   ③   ④

2

그림을 보고, 알맞은 단어를 고르시오.
·· (   )

①   ②   ③   ④

3

대화를 듣고, 상황에 맞는 그림을 고르시오.
································· (   )

①    ②

③    ④

4

대화를 듣고, 내용과 일치하는 것을 고르시오.
······································· (   )

① 미나의 가방에 거울이 있다.
② 미나의 가방은 가벼워 보인다.
③ 탐은 가방을 가지고 있지 않다.
④ 탐의 가방은 아주 무겁다.

5

대화를 듣고, 누구에 대해 이야기하고 있는지 고르시오. ……………………………… ( )

① 여동생
② 남동생
③ 오빠
④ 언니

7

그림을 보고, 여자 아이가 할 말로 알맞은 것을 고르시오. …………………………… ( )

① ② ③ ④

8

대화를 듣고, 피아노 수업은 몇 시부터인지 고르시오. ………………………………… ( )

① 6:10　　　　② 6:20
③ 6:30　　　　④ 6:40

6

그림을 보고, 그림과 일치하는 것을 고르시오.
……………………………………… ( )

① ② ③ ④

9

그림을 보고, 알맞은 대화를 고르시오. ‥ ( )

① ② ③ ④

10

대화를 듣고, 여자 아이가 하고 있는 것을 고르시오. ·····························(　)

① 동생 선물을 찾고 있다.
② 남자 아이를 도와주고 있다.
③ 점심을 먹고 있다.
④ 저녁을 만들고 있다.

11

대화를 듣고, 나무에 앉아 있는 새가 모두 몇 마리인지 고르시오. ······················(　)

① 20　　　　② 21
③ 22　　　　④ 23

12

대화를 듣고, 누구에 관해 이야기하고 있는지 고르시오. ·····························(　)

① 여자의 여동생
② 여자의 남동생
③ 여자의 사촌
④ 여자의 언니

13

그림을 보고, 적절한 표현을 고르시오.
·····························(　)

①　　　②　　　③　　　④

14

그림을 보고, 그림의 설명이 올바른 것을 고르시오. ·····························(　)

①　　　②　　　③　　　④

15

대화를 듣고, 여자 아이가 산 물건과 가격이 알맞게 짝지어진 것을 고르시오. ……… (   )

① 빨간색과 노란색 물감 – $20
② 빨간색과 파란색 물감 – $30
③ 빨간색과 파란색 물감 – $20
④ 빨간색과 노란색 물감 – $30

16

그림을 보고, 알맞은 대화를 고르시오.
……………………………………… (   )

①   ②   ③   ④

17

다음을 듣고, 내용과 일치하는 것을 고르시오.
……………………………………… (   )

①
②

③
④

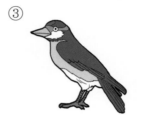

18

대화를 듣고, 이어질 응답으로 적절한 것을 고르시오. ……………………………… (   )

①   ②   ③   ④

19

다음을 듣고, 이어질 응답으로 적절한 것을 고르시오. ……………………………… (   )

①   ②   ③   ④

20

대화를 듣고, 이어질 응답으로 적절한 것을 고르시오 ……………………………… (   )

①   ②   ③   ④

학습예정일	월 일	실제학습일	월 일	부모님확인란		점수	

정답과 해석 30쪽

●MP3 파일을 잘 듣고, 빈칸을 채우시오.

1

① M : book
② M : picture
③ M : _____ 2점
④ M : _____ 2점

2

① W : police officer
② W : _____ 2점
③ W : teacher
④ W : _____ 2점

3

M : Happy birthday, Jenny!
G : Thank you, Dad!
M : This is _____ 2점 you.
G : Wow! Can I _____ 2점 it now?

4

B : Mina, what do you have in your bag?
G : I have a pencil case, notebooks, and a _____ 2점
   in my bag.

듣 기 실 력 쑥

1 1+1 문제

그림을 보고, 사물의 이름을 영어로 적으시오.

① _____ ② _____

③ _____ ④ _____

2 1+1 문제

그림을 보고, 직업을 영어로 적으시오.

① _____ ② _____

③ _____ ④ _____

3 1+1 문제

선물을 주고받을 때 하는 표현으로 빈칸에 알맞은 단어를 적으시오.

A: This is _____ you.
B: Wow, _____ you.

B : Your bag looks _____ [2점].
G : Tom, what do you have in your bag?
B : I have a storybook in my bag.

5

B : What are you doing?
G : I'm taking care of my _____ _____ [3점].
B : How old is she?
G : She is three years old.

6

① B : They are reading a book.
② B : They are _____ [2점] water.
③ B : They are playing board games.
④ B : They are _____ [2점] flowers.

7

① G : What's that?
② G : _____ [2점] you _____ [2점]?
③ G : How's the weather?
④ G : How much is it?

듣기실력쑥

4 1+1 어휘
여러 단어를 나열할 때는 단어들을 콤마로 연결한 뒤 마지막 단어 전에 and를 넣어 줍니다.

I have an eraser, a comb, a mirror and a notebook in my bag.
나는 가방에 지우개 한 개, 빗, 거울 그리고 공책 한 권을 가지고 있어.

5 1+1 문제
다음을 참고하여 여동생을 영어로 소개해 보시오.

이름: Mina
나이: 7세
할 수 있는 것: 피아노 치기

Her name is _____.
She is _____ years old.
She can _____.

6 1+1 문제
다음 동사를 진행형으로 바꾸시오.

play → _____
speak → _____
do → _____
eat → _____
drink → _____
sit → _____
swim → _____

7 1+1 어휘
누군가 아플 때 사용할 수 있는 표현을 알아 봅시다.

Are you okay?
너 괜찮니?
Are you sick?
너 아프니?
I hope you feel better soon.
나는 네가 곧 낫길 바라.
I am sorry that you are sick.
네가 아프다니 유감이야.

8

B : Where are you going, Mina?

G : I'm going to take a piano lesson.

B : What time does the lesson _____ 2점 ?

G : It starts at _____ _____ 3점 .

9

① G : Who is he? He's very tall.

　B : He's my grandpa.

② G : Who is he? He's _____ _____ 3점 .

　B : He's my uncle.

③ G : Who is she? She's very _____ 2점 .

　B : She's my sister.

④ G : Who is she? She's wearing a dress.

　B : She's my mom.

10

B : Hi! Mina. What are you doing here?

G : I am _____ _____ 3점 a _____ 2점 for my _____ 2점 .

B : Did you find anything good?

G : Not yet. Can you help me?

B : Sure. Let's have lunch together after we buy a gift.

8 1+1 문제

다음을 읽고, 수학 수업이 시작하는 시간과 끝나는 시간을 고르시오.
..........................(　)

| M: What time does your math class start? |
| W: It starts at two twenty. |
| M: What time does the class finish? |
| W: It finishes at four o'clock. |

	시작 시간	끝나는 시간
①	2:10	4:00
②	2:10	3:00
③	2:20	3:00
④	2:20	4:00

9 1+1 어휘

가족을 나타내는 단어들

grandparents 조부모님
parents 부모님
brother 남자 형제
sister 여자 형제
uncle 삼촌
aunt 이모, 고모
cousin 사촌

10 1+1 문제

다음을 읽고, 알맞은 답을 고르시오.
..........................(　)

A: What are you doing now?
B: _____

① I can learn English.
② I am learning English now.
③ I like learning English.
④ I learned English.

11

G : Wow! Birds are sitting on the tree.

B : There are some red birds and some blue birds.

G : _____ _____ [3점] red birds are there?

B : There are _____ [2점] red birds.

G : There are _____ [2점] blue birds.

12

W : Look at this picture.

M : Who is this? Your _____ _____ [3점]?

W : No. That is my _____ [2점], Sarah.

M : Really? How old is she?

W : She is only five months old.

13

① W : _____ [2점] a _____ [2점]!

② W : What a beautiful house it is!

③ W : How wonderful it is!

④ W : How delicious it is!

14

① M : There are toys under the bed.

② M : There is a mirror in the room.

③ M : There are _____ [2점] in a _____ [2점].

④ M : There is a robot on the table.

11 1+1 문제

그림을 보고, 질문에 대한 답을 영어로 쓰시오.

① A: How many dolls are there?
  B: There are _____ dolls.

② A: How many pencils are there?
  B: There are _____ pencils.

12 1+1 문제

대화를 듣고, 여자의 사촌의 나이를 고르시오. ·················· (   )

① 3개월   ② 5개월
③ 7개월   ④ 9개월

13 1+1 어휘

What과 How로 시작하는 감탄문을 비교해 봅시다.

What + a(n) + 형용사 + 명사 + (주어 +동사)!
How + 형용사 + (주어 + 동사)!

What a beautiful house it is!
= How beautiful the house is!

같은 뜻이 되도록 다음 문장을 감탄문으로 바꾸어 쓰시오.

The girl is very pretty.
→ What _____ _____
   she is!
→ How _____ _____
   is!

14 1+1 문제

다음 우리말을 읽고 문장을 완성하시오.

1. 테이블 위에 책들이 있다.
There _____ books _____ the table.

2. 상자 안에 장난감이 있다.
There _____ a toy _____ the box.

15

M : Hello! May I help you?

G : Hi, I'm looking for paint.

M : What color do you want?

G : I want _____ 2점 and _____ 2점. How much are they altogether?

M : They are _____ 2점 dollars.

16

① G : What's your _____ 2점?

B : My hobby is playing _____ 2점.

② G : What do you do?

B : I am a soccer player.

③ G : Do you like playing basketball?

B : Yes, I do.

④ G : What is your favorite subject?

B : I like science.

17

G : This is my favorite _____ 2점. It has large _____ 2점 and six legs. It likes to _____ 2점. It _____ 2점 flowers.

18

B : Summer vacation is coming up.

G : Yes! Do you have any plans?

B : I will go swimming. How about you?

들 기 실 력 쑥

15 1+1 문제
다음 영어 문장을 우리말로 바꿔 쓰시오.

A: How much is the red dress and the blue dress altogether?

A: _____

B: They are 60 dollars altogether.

B: _____

16 1+1 어휘
'동사 + er'로 사람을 표현하는 명사를 익혀 봅시다.

play – player 선수, 연주자
teach – teacher 선생님
fight – fighter 전사, 투사
run – runner (달리기) 주자
speak – speaker 연설자, 발표자
listen – listener 청취자
sing – singer 가수

17 1+1 문제
친구와 좋아하는 것에 대해 묻고 답해 보시오.

A: What's your favorite _____?
네가 가장 좋아하는 색은 뭐니?

B: My favorite _____ is _____.
내가 가장 좋아하는 색은 녹색이야.

G : I don't know. My parents are busy.

B : Do you _____ [2점] to go swimming _____ [2점] me?

G : _____

① Yes, I like summer.
② Yes, _____ _____ [3점] to go.
③ Yes, I am.
④ Yes, I can skate.

듣 기 실 력 쑥

18 1+1 문제

대화를 듣고, 남자 아이가 여름 방학에 무엇을 할지 고르시오. ……( )

① 수영하러 가기
② 등산 가기
③ 영어 캠프 가기
④ 할머니 댁 방문하기

19

M : _____ [2점] it _____ [2점] ?

W : _____

① Thank you.
② Sorry.
③ Really?
④ Fine.

19 1+1 문제

'How's it going?'이나 'What's going on?'도 우리가 아는 'How are you?'와 비슷하게 인사말로 사용됩니다.

대답으로는 Not much.(별일 없어.), Not bad.(나쁘지 않아.), Fine.(좋아.), Good.(좋아.) 등 자신의 기분을 간단히 말하면 됩니다.

20

B : Excuse me, _____ _____ [3점] does the park _____ [2점] today?

W : _____

① The park closes _____ [2점] five today.
② Great. Thank you.
③ Sure, no problem.
④ The park is clean.

20 1+1 문제

다음을 읽고, 공원이 여는 시간과 닫는 시간을 숫자를 사용해서 쓰시오.

W: Hello? Is this Grand Park?
M: Yes, how can I help you?
W: What time does the park open and close?
M: It opens at nine thirty and closes at six o'clock.
W: Thank you very much.

문 여는 시간 _____
문 닫는 시간 _____

● 들려주는 단어를 잘 듣고, 영어노트에 받아쓰시오.

1   *picture* ▶ *take a picture*

2 ▶

3 ▶

4 ▶

5 ▶

6 ▶

7 ▶

8 ▶

9 ▶

10 ▶

11 ▶

12 ▶

13 ▶

14 ▶

15 ▶

정답과 해석 34쪽

| 학습예정일 | 월 일 | 실제학습일 | 월 일 | 부모님확인란 | | 맞은개수 | |

● 대화를 듣고, 영어노트에 문장을 받아쓰시오.

1 A: *Happy birthday, Mina!*
   B: Thank you, Mom!

2 A:
   B: I have a pencil case and notebooks in my bag.

3 A: What are you doing?
   B:

4 A: What time does the lesson start?
   B:

5 A: How many red birds are there?
   B:

6 A:
   B: My hobby is playing soccer.

7 A:
   B: I want red and yellow.

8 A: Look at this picture.
   B:

9 A:
   B: Not bad.

10 A: Why are you excited?
   B:

08회 4학년 영어듣기 모의고사

정답과 해석 35쪽

학습예정일	월 일	실제학습일	월 일	부모님확인란	점수

1

다음을 듣고, 첫소리가 다른 낱말을 고르시오.
·· (   )

①   ②   ③   ④

2

그림을 보고, 일치하는 낱말을 고르시오.
·· (   )

①   ②   ③   ④

3

대화를 듣고, 알맞은 그림을 고르시오.
·· (   )

①   ②

③   ④

4

대화를 듣고, 두 사람이 모두 좋아하는 음식을 고르시오. ·· (   )

① 수프
② 치킨
③ 샌드위치
④ 스파게티

5

대화를 듣고, 여자 아이가 할 수 있는 것을 고르시오. ·····················(   )

①

②

③

④

6

대화를 듣고, 남자 아이가 할 일을 고르시오.
·····································(   )

①

②

③

④

7

대화를 듣고, 현재 날씨를 고르시오. ···(   )

①

②

③

④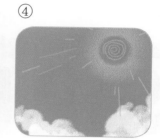

8

대화를 듣고, 두 사람이 만나기로 한 시각을 고르시오. ·····························(   )

① 오전 8시

② 오전 9시

③ 오후 3시

④ 오후 4시

9

대화를 듣고, 남자 아이가 어젯밤에 한 일을 고르시오. ……………………… (   )

①
②
③
④

10

대화를 듣고, 여자 아이가 지각한 이유를 고르시오. ……………………… (   )

① 길을 잃어서
② 늦잠을 자서
③ 시간을 착각해서
④ 버스가 늦어서

11

대화를 듣고, 두 물건의 가격이 올바르게 짝지어진 것을 고르시오. ……………… (   )

① $5 $7
② $5 $9
③ $6 $7
④ $6 $9

12

대화를 듣고, 나미의 물건으로 알맞은 것을 고르시오. ……………………… (   )

①
②
③
④

13

다음을 듣고, 상대방을 위로할 때 쓰는 표현을 고르시오. ……………………… (   )

①   ②   ③   ④

14

그림을 보고, 그림에 알맞은 것을 고르시오.
····························· (   )

①   ②   ③   ④

15

대화를 듣고, 수미의 어머니가 계신 장소를 고르시오. ····························· (   )

① 안방   ② 거실
③ 부엌   ④ 화장실

16

그림을 보고, 그림에 알맞은 대화를 고르시오.
····························· (   )

①   ②   ③   ④

17

대화를 듣고, 민호의 전화번호를 고르시오.
····························· (   )

① 556-7892   ② 556-7982
③ 565-7892   ④ 565-7982

18

대화를 듣고, 이어질 대답으로 알맞지 <u>않은</u> 것을 고르시오. ····························· (   )

① He is a doctor.
② My dad works on a farm.
③ He is a great cook.
④ He likes me very much.

19

다음을 듣고, 이어질 대답으로 알맞은 것을 고르시오. ····························· (   )

①   ②   ③   ④

20

대화를 듣고, 이어질 대답으로 알맞은 것을 고르시오. ····························· (   )

① At the library.
② I have many pictures.
③ Sorry, but you can't read it.
④ No, it's a little bit boring.

학습예정일	월 일	실제학습일	월 일	부모님확인란		점수	

정답과 해석 35쪽

●MP3 파일을 잘 듣고, 빈칸을 채우시오.

1

① W : music
② W : movie
③ W : _____ 1점
④ W : month

2

① M: _____ 1점
② M: _____ 1점
③ M: bright
④ M: famous

3

G : Dad, look at that! The _____ 2점 looks scary.
M : Yes, it does. Look, there's a _____ 2점, too.
G : Can I _____ 2점 this banana to him?
M : Sure. Go ahead.

4

B : I'm hungry. Let's eat some sandwiches, Julie.
G : Well, I _____ _____ 3점 sandwiches.

듣 기 실 력 쑥

1 1+1 기획
동서남북을 가리키는 말을 배워 봅시다.

동: east
서: west
남: south
북: north

2 1+1 문제
그림을 보고, 선생님이 할 말로 알맞은 것을 적으시오.

Be _____.

3 1+1 문제
대화를 듣고, 대화가 이루어지고 있는 장소를 고르시오. ·········· ( )
① 서점
② 바닷가
③ 동물원
④ 과일 가게

B : Then how about some _____ 2점? I like
_____ 2점.

G : Oh, that sounds good. I like it, too.

5

B : Hannah, can you make a cake?

G : No, but I _____ 1점 make _____ 2점.

B : Really? Then, can you help me make _____ 2점
for my sister?

G : Sure, I can help you.

6

G : You look very excited. What is it?

B : Guess what! I'm going on a _____ _____ 3점
tomorrow.

G : A _____ _____ 3점? Wow, are you good at
_____ 2점?

B : Yes. I love skiing.

7

W : Where are you going, Tom?

B : I'm going out to play basketball.

W : Basketball? But it's _____ 2점 right _____ 2점.

B : It's Okay. I think it will be sunny soon.

듣 기 실 력 쑥

4 1+1 문제
대화를 듣고, 내용과 일치하는 것을
고르시오. ················( )

① Julie는 치킨을 먹고 있다.
② Julie는 샌드위치를 먹고 있다.
③ Julie는 치킨을 좋아하지 않는다.
④ Julie는 샌드위치를 좋아하지 않
는다.

5 1+1 문제
그림을 보고, 여자 아이가 할 수 있는
일을 말해보시오

① She can _____ a cake.
(그녀는 케이크를 만들 수 있어.)

② She _____ _____ a
song well.
(그녀는 노래를 잘 부를 수 있어.)

6 1+1 문제
대화를 듣고, 남자 아이가 스키 캠프
에 언제 가는지 고르시오. ····( )

① 내일
② 이틀 뒤
③ 일주일 뒤
④ 한 달 뒤

7 1+1 문제
대화를 듣고, Tom이 밖에 나가는 이
유를 고르시오. ·············( )

① 야구를 하기 위해
② 농구를 하기 위해
③ 축구를 하기 위해
④ 자전거를 타기 위해

8

(Telephone rings.)

B : Hello? Thomas speaking.

G : Hi Thomas, it's Sally. I'm going to the museum this Saturday. Do you want to join me?

B : Sure. But I'm going to watch a movie Saturday morning.

G : Then, how about _____ 2점 at _____ 2점 in the _____ 2점?

B : Good. See you then!

9

G : You look sleepy today.

B : Yes, I am. I'm very tired right now.

G : What did you do last night? Didn't you sleep?

B : No, I didn't. I _____ 2점 three _____ 2점 on TV.

10

M : Why were you so late for class today, Kate? Did you sleep in?

G : I'm very sorry Mr. Kim, but the _____ 2점 was _____ 2점.

M : I see. Well, don't be late next time.

G : Okay, I promise.

8 1+1 문제
대화를 듣고, 두 사람이 만나서 할 일을 고르시오. ·············( )

① 영화 보기
② 미술관에 가기
③ 저녁 식사를 하기
④ 박물관에 가기

9 1+1 문제
대화를 듣고, 남자 아이의 현재 상태로 알맞은 것을 고르시오. ····( )

① 피곤하다.
② 걱정스럽다.
③ 기분이 좋다.
④ 화가 난다.

10 1+1 문제
대화를 듣고, 두 사람의 관계를 고르시오. ·····················( )

① 가게 점원 – 손님
② 아버지 – 딸
③ 선생님 – 학생
④ 의사 – 환자

11

M : How can I help you?

G : I'm looking for a present for my brother.

M : How about this _____ 2점? It's only _____ 2점 dollars.

G : Not bad. Oh, how much is this _____ _____ 3점?

M : It's _____ 2점 dollars.

11 1+1 문제
대화를 듣고, 대화가 이루어지는 장소를 고르시오. ·············· (   )
① 박물관
② 선물 가게
③ 축구 경기장
④ 로봇 전시회

12

B : What are you doing, Nami?

G : I am looking for my _____ 2점. Can you help me?

B : Sure. (pause) Is this yours?

G : No, it's not. _____ 2점 has _____ 2점 big _____ 2점 on the cover.

12 1+1 문제
대화를 듣고, 남자 아이가 무엇을 하고 있는지 고르시오. ········· (   )
① 나미와 함께 숙제를 하고 있다.
② 나미를 위해 공책을 사고 있다.
③ 나미의 물건을 찾아주고 있다.
④ 나미에게 꽃을 선물하고 있다.

13

① W : I wish you good luck!

② W : _____ _____ 3점. You'll do better next time.

③ W : Excuse me, but you can't park here.

④ W : How do you do?

13 1+1 문제
다음을 듣고, 처음 만난 사람에게 할 수 있는 표현을 고르시오. ···· (   )
①   ②   ③   ④

14

① G : I want to buy two bananas and four oranges.

② G : I want to buy four bananas and five oranges.

③ G : I want to buy two pineapples and four oranges.

④ G : I want to buy _____ _____ 2점 and _____ _____ 2점.

15

M : Sumi, are you ready to go to the concert?

G : Yes, I am. Dad, where's Tom and Mom?

M : I think Tom is in the bathroom, and your _____ 2점 is in the _____ 2점.

G : But we should hurry!

16

① B : Where did you put my jacket?

　G : I put it on the bed.

② B : How much are those flowers?

　G : They are ten dollars.

③ B : What did you do last weekend?

　G : I was sick, so I stayed home.

④ B : I was very _____ 2점. Are you _____ 2점?

　G : I got a lot _____ 2점. Thanks for coming.

듣기실력쑥

14 1+1 문제

다음 질문을 보고, 답의 빈칸을 채워 보시오.

Q: How many bananas and apples do you want to buy?

A: I _____ to buy _____ bananas and three _____.
저는 다섯 개의 바나나와 세 개의 사과를 사고 싶습니다.

15 1+1 문제

대화를 듣고, 수미네 가족이 가려는 곳을 고르시오. ············(　)

① 공원
② 백화점
③ 콘서트장
④ 놀이공원

16 1+1 문제

그림을 보고, 그림에 알맞은 대화를 고르시오. ···············(　)

①　②　③　④

17

(Telephone rings.)

G : Hello, may I speak to Minho?

B : I think you have the _____ [2점] number.

G : Is this _____ [2점] - _____ [2점]?

B : No, it's 556-7982.

G : Oh, I am so sorry.

17 1+1 문제
대화를 듣고, 여자 아이가 누른 전화 번호를 적으시오.

→ _____

18

B : Sally, what does your father _____ [2점]?

G : He is a teacher. _____ _____ [3점] your _____ [2점], Jeff?

B : _____

18 1+1 문제
대화를 듣고, 두 사람이 무엇에 관해 이야기하고 있는지 고르시오. …( )

① 장래 희망
② 아버지의 직업
③ 방문하고 싶은 곳
④ 좋아하는 음식

19

G : Peter, do you _____ [2점] any sisters or brothers?

B : _____

① They are at the playground.

② I _____ [2점] two sisters.

③ No, his brother is seven years old.

④ I don't know her sister's name.

19 1+1 문제
대화를 듣고, 여자 아이가 Peter에게 무엇을 묻고 있는지 우리말로 쓰시오.

→ _____

20

B : What are you doing, Susie?

G : I'm reading a book.

B : Is it _____ [2점]?

G : _____

20 1+1 문제

그림을 보고, 무엇을 하고 있는지 쓰시오.

She _____ _____ a book.

step2 4학년 영어듣기 낱말받아쓰기 08회

정답과 해석 39쪽

학습예정일	월 일	실제학습일	월 일	부모님확인란		맞은개수	

● 들려주는 단어를 잘 듣고, 영어노트에 받아쓰시오.

1 *famous* ▶ *be famous for*

2 ▶

3 ▶

4 ▶

5 ▶

6 ▶

7 ▶

8 ▶

9 ▶

10 ▶

11 ▶

12 ▶

13 ▶

14 ▶

15 ▶

| 학습예정일 | 월 일 | 실제학습일 | 월 일 | 부모님확인란 | | 맞은개수 | |

● 대화를 듣고, 영어노트에 문장을 받아쓰시오.

1 A: Can I give this banana to him?
B: *Sure. Go ahead.*

2 A:
B: Well, I don't like sandwiches.

3 A:
B: No, but I can make cookies.

4 A:
B: Yes. I love skiing.

5 A: Where are you going?
B:

6 A: What time shall we meet?
B:

7 A: What did you do last night?
B:

8 A:
B: Okay, I promise.

9 A: What's wrong?
B:

10 A:
B: He is a teacher.

1

그림을 보고, 일치하는 낱말을 고르시오.
.... (   )

①   ②   ③   ④

3

그림을 보고, 여자 아이가 할 말로 알맞은 것을 고르시오. .... (   )

①   ②   ③   ④

2

대화를 듣고, 알맞은 그림을 고르시오.
.... (   )

①    ②

③    ④

4

그림을 보고, 그림에 알맞은 대화를 고르시오.
.... (   )

①   ②   ③   ④

5

대화를 듣고, 두 사람이 무엇에 대해 말하고 있는
지 고르시오. ·······························(   )

① 날씨
② 숙제
③ 여행지
④ 기상 시간

7

대화를 듣고, Jenny의 심정을 가장 잘 나타내는
그림을 고르시오. ·······················(   )

①    ②

③    ④

6

대화를 듣고, 그림에서 남자 아이의 어머니를 고
르시오. ··································(   )

8

대화를 듣고, 두 사람이 만나기로 한 요일을 고르
시오. ····································(   )

① 화요일
② 수요일
③ 목요일
④ 금요일

9

대화를 듣고, Gina가 있는 장소를 고르시오.
································ (   )

① 부엌
② 침실
③ 마당
④ 화장실

10

대화를 듣고, 남자 아이가 가장 먼저 할 일을 고르시오. ·················· (   )

① 손 씻기
② 숙제 하기
③ 저녁 식사 하기
④ 방 정리정돈 하기

11

대화를 듣고, 동물은 모두 몇 마리인지 고르시오. ····························· (   )

① 8마리
② 9마리
③ 10마리
④ 11마리

12

대화를 듣고, 남자 아이의 물건을 고르시오.
································ (   )

① 파란색 가방
② 검은색 가방
③ 파란색 모자
④ 검은색 모자

13

다음을 듣고, 헤어질 때 하는 인사가 <u>아닌</u> 것을 고르시오. ····················· (   )

①   ②   ③   ④

14

다음을 듣고, 대화가 자연스럽지 <u>않은</u> 것을 고르시오 ························· (   )

①   ②   ③   ④

15

그림을 보고, 여자가 할 말로 알맞은 것을 고르시오. ·· ( )

①   ②   ③   ④

16

대화를 듣고, 남자가 주문한 음식과 음료가 알맞게 짝지어진 것을 고르시오. ············· ( )

	음식	음료
①	햄버거	오렌지 주스
②	햄버거	콜라
③	스파게티	오렌지 주스
④	스파게티	콜라

17

대화를 듣고, 두 사람의 나이가 알맞게 짝지어진 것을 고르시오. ····························· ( )

	수미	민호
①	8살	10살
②	8살	11살
③	9살	10살
④	9살	11살

18

대화를 듣고, 이어질 말로 알맞은 것을 고르시오. ·· ( )

① At the beach.
② Yes, I like swimming.
③ I had a good time.
④ With my grandparents.

19

대화를 듣고, 이어질 말로 알맞은 것을 고르시오. ·· ( )

① It's time to wake up.
② Let's go to the hospital.
③ Your school bus is here.
④ Have some ice cream.

20

대화를 듣고, 이어질 말로 알맞은 것을 고르시오. ·· ( )

① She likes teddy bears.
② It's next Saturday, at six o'clock.
③ It was last week.
④ I'm going to make a cake.

학습예정일	월 일	실제학습일	월 일	부모님확인란		점수	

정답과 해석 40쪽

● MP3 파일을 잘 듣고, 빈칸을 채우시오.

1
① W : stone
② W : _____ 1점
③ W : _____ 1점
④ W : space

2
G : Wow, it's a beautiful picture.
B : Yes, it is. Look at the _____ 2점.
G : There is a _____ 2점 too. She's _____ 2점.
B : You're right. She's very pretty.

3
① G : You're welcome.
② G : Close the door, please.
③ G : Can I have your name?
④ G : Would you _____ 2점 me _____
      _____ 3점?

4
① B : How old are you?
   G : I'm ten years old.
② B : What is your hobby?
   G : My hobby is riding bicycles.

듣 기 실 력 쑥

1 1+1 문제
다음을 듣고, 주어진 그림과 일치하는
것을 고르시오. ············ (   )

①   ②   ③   ④

2 1+1 문제
대화를 듣고, 두 사람이 무엇을 하고
있는지 고르시오. ············ (   )
① 산책을 하고 있다.
② 그림을 보고 있다.
③ 사진을 찍고 있다.
④ 별을 관찰하고 있다.

3 1+1 어휘
'도와주세요'라는 의미의 표현을 알아
봅시다.

Can you help me?
저를 도와주시겠어요?
Can you give me a hand?
저를 좀 도와주시겠어요?
Help me out! 도와주세요!

4 1+1 문제
그림을 보고, 그림에 알맞은 대화를
고르시오. ············ (   )

①   ②   ③   ④

③ B : _____ 2점 are you _____ 2점?
　G : I'm from _____ 2점.
④ B : What are you doing?
　G : I'm playing tennis.

5

W: Sam, did you _____ 2점 your _____ 2점?
B : Not yet, Mom.
W: Well, you should hurry up. It's nine o'clock.
B : Okay, I will do it right now.

6

B : My mom is over there. She is _____ 2점 a _____ 2점.
G : Is she wearing _____ 2점?
B : No, she isn't. She's wearing a skirt.

7

B : What's wrong, Jenny?
G : I _____ 2점 my puppy this morning.
B : Oh no, I'm very _____ 2점 to hear that.
G : I am so sad. I _____ 2점 my puppy already.

5 1+1 문제
대화를 듣고, 현재 시각을 고르시오.
························( )
① 7시
② 8시
③ 9시
④ 10시

6 1+1 문제
대화를 듣고, 두 사람이 무엇에 대해 이야기하고 있는지 고르시오. ···( )
① 남자 아이의 취미
② 남자 아이의 어머니
③ 남자 아이의 옷차림
④ 남자 아이의 여름방학 계획

7 1+1 문제
대화를 듣고, Jenny가 무엇을 잃어버렸는지 영어로 쓰시오.
→ _____

8

G : Let's go see a movie on Wednesday!

B : Sounds good. But, I'm _____ 2점 that day.

G : Then, how about on _____ 2점?

B : That's _____ _____ 3점 me. See you then.

9

M : Gina! Where are you?

G : I'm right here, Dad!

M : Where? I can't find you.

G : I'm in the _____ 2점. I'm watching television.

10

B : Mom, I'm home. Oh, I'm so hungry.

W : Dinner is almost ready.

B : I'm happy to hear that!

W : But _____ 2점, _____ 2점 your _____ 2점.

B : Okay.

11

G : How many animals are there?

B : There are _____ _____ 3점 and _____
_____ 3점.

G : Three tigers and six pandas?

B : No, three tigers and five pandas.

듣 기 실 력 쑥

8 1+1 문제

대화를 듣고, 두 사람이 만나서 하기로 한 일을 고르시오. ·······( )

① 수영하기
② 책을 빌리기
③ 영화를 보기
④ 그림을 그리기

9 1+1 문제

대화를 듣고, Gina가 무엇을 하고 있는지 고르시오. ·············( )

① 책을 읽고 있다.
② 손을 씻고 있다.
③ TV를 보고 있다.
④ 화단에 물을 주고 있다.

10 1+1 문제

대화를 듣고, 두 사람의 관계로 알맞은 것을 고르시오. ···········( )

① 식당 종업원 - 손님
② 감독 - 운동선수
③ 어머니 - 아들
④ 선생님 - 학생

11 1+1 문제

대화를 듣고, 대화에서 나온 동물 두 가지를 올바르게 짝지은 것은?
·······················( )

① 호랑이, 기린
② 호랑이, 팬더
③ 사자, 기린
④ 사자, 팬더

12

W: Can I help you?

B : Yes. I lost my _____ [2점].

W: _____ _____ [3점] is it?

B : It's _____ [2점]. I really want to find it.

13

① M: Good bye.

② M: _____ [2점] time _____ _____ [3점].

③ M: See you tomorrow.

④ M: It was nice meeting you.

14

① B : How is the weather?

  G : It's sunny.

② B : Did you sleep well last night?

  G : Yes, I did.

③ B : _____ _____ [3점] pens do you have?

  G : I _____ _____ [3점] go to school.

④ B : What time is it now?

  G : It's nine thirty.

---

12 1+1 문제

대화를 듣고, 여자가 이어서 할 말로 알맞은 것을 고르시오. ·······( )

① I'm happy, too.
② Don't worry.
③ Good for you.
④ Congratulations.

13 1+1 어휘

헤어질 때 하는 인사를 배워 봅시다.

1. 잘 가.

Good bye.
So long.
Take care.

2. 나중에 또 보자.

See you next time.
See you around.
See you later.
See you again.

3. 만나서 즐거웠어.

I had a good time.
It was nice meeting you.

14 1+1 문제

다음을 듣고, 시간을 묻고 답하는 대화를 고르시오. ·············( )

①   ②   ③   ④

15

① W : You can't go home right now!
② W : Wait for me!
③ W : _____ _____ [3점] for the car!
④ W : What a nice building!

16

W : Are you ready to order?
M : Yes. I'd like some _____ [2점].
W : Do you need anything to drink?
M : Oh, _____ [2점] please.

17

B : Sumi, how old are you?
G : I'm _____ [2점] years old. You are ten, aren't you, Minho?
B : No, I was ten _____ _____ [3점]. I'm _____ _____ [3점].
G : Oh, I see.

듣 기 실 력 쑥

15 1+1 어휘
주의를 주는 표현을 배워 봅시다.

Watch out!
조심해!
Look out!
조심해!
You have to be careful.
넌 조심해야 해.

16 1+1 문제
대화를 듣고, 대화가 이루어지는 장소를 고르시오. ················ (   )

① 백화점
② 매표소
③ 우체국
④ 식당

17 1+1 문제
대화를 듣고, 두 사람이 무엇에 대해 이야기하는지 고르시오 ······ (   )

① 생일
② 나이
③ 가족
④ 사는 곳

18

G : What did you do yesterday?

B : I went swimming.

G : _____ [2점] did you go _____ [2점]?

B : _____

19

W : Darling, are you okay?

B : No, I think I _____ _____ _____ [5점].

W : _____

20

B : Mary, can you come to my sister's birthday party?

G : Sure. _____ [2점] is it?

B : _____

듣 기 실 력 쑥

18 1+1 문제
대화를 듣고, 어제 남자 아이가 무엇을 했는지 우리말로 쓰시오.

→ _____

19 1+1 문제
자신의 연인이나 배우자(남편과 아내), 또는 아들과 딸을 부르는 애칭으로는 darling, honey, sweetheart 등이 있습니다.

09회

20 1+1 문제
다음을 듣고, 두 사람이 무엇에 대해 이야기하는지 고르시오 ……( )

① 생일 파티의 음식
② 생일 파티의 장소
③ 생일 파티에 가져갈 선물
④ 생일 파티의 요일과 시간

step 2 4학년 영어듣기 **낱말받아쓰기** **09**회

정답과 해석 43쪽

학습예정일	월 일	실제학습일	월 일	부모님확인란		맞은개수	

●들려주는 단어를 잘 듣고, 영어노트에 받아쓰시오.

1 *hand* ▶ *give a hand*

2 ▶

3 ▶

4 ▶

5 ▶

6 ▶

7 ▶

8 ▶

9 ▶

10 ▶

11 ▶

12 ▶

13 ▶

14 ▶

15 ▶

step3 4학년 영어듣기 통문장받아쓰기 09회

정답과 해석 43쪽

학습예정일	월 일	실제학습일	월 일	부모님확인란		맞은개수	

● 대화를 듣고, 영어노트에 문장을 받아쓰시오.

1 A: What is your hobby?
B: *My hobby is riding bicycles.*

2 A: _____
B: I'm from Paris.

3 A: Did you finish your homework?
B: _____

4 A: _____
B: Sorry, but I'm busy that day.

5 A: _____
B: Yes, I lost my cap.

6 A: _____
B: Yes, I did.

7 A: _____
B: Yes. I'd like some spaghetti.

8 A: _____
B: No, I'm eleven years old.

9 A: Are you okay?
B: _____

10 A: _____
B: It's next Saturday, at six o'clock.

1

들려주는 낱말과 일치하는 것을 고르시오.
.... (   )

①  ②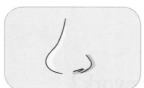

③ 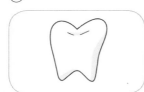 ④

3

그림을 보고, 여자가 할 말로 알맞은 것을 고르시오. .... (   )

①   ②   ③   ④

2

대화를 듣고, 내용과 일치하는 그림을 고르시오.
.... (   )

①  ②

③  ④

4

대화를 듣고, 내용과 일치하는 그림을 고르시오.
.... (   )

①  ②

③  ④

5

대화를 듣고, 두 사람이 무엇에 대해 이야기하고 있는지 고르시오. ……………… (   )

① Tom의 생일 파티
② 어머니께 드릴 선물
③ 좋아하는 꽃의 종류
④ 찾고 있는 책의 이름

6

다음을 듣고, 축하할 때 할 수 있는 말을 고르시오. ………………………………… (   )

①   ②   ③   ④

7

대화를 듣고, 내용에 알맞은 날씨를 고르시오.
………………………………… (   )

①

②

③

④

8

대화를 듣고, 두 사람이 내일 할 일을 고르시오.
………………………………… (   )

①   ②

③   ④

9

대화를 듣고, 두 사람이 만나기로 한 요일과 시간이 알맞게 짝지어진 것을 고르시오. …… (   )

	요일	시간
①	수요일	5시
②	수요일	6시
③	목요일	5시
④	목요일	6시

10

대화를 듣고, Jack이 Nancy의 제안을 거절한 이유를 고르시오. ………………………… (   )

① 시험 공부를 해야 해서
② 피아노 레슨이 있어서
③ 치과에 가야 해서
④ 어머니의 심부름을 해야 해서

11

다음을 듣고, 그림과 일치하는 것을 고르시오.
·· (   )

①   ②   ③   ④

13

다음을 듣고, 친구와 헤어질 때 할 수 있는 말을
고르시오. ······································· (   )

①   ②   ③   ④

12

대화를 듣고, 남자 아이가 찾고 있는 물건을 고
르시오. ······································· (   )

①    ②

③    ④

14

그림을 보고, 그림에 알맞은 대화를 고르시오.
·· (   )

①   ②   ③   ④

15

대화를 듣고, 대화가 이루어지는 장소를 고르시
오. ·····································( )

① 동물원
② 동물 가게
③ 동물 병원
④ 동물 훈련소

16

그림을 보고, 그림에 알맞은 설명을 고르시오.
·····································( )

① ② ③ ④

17

다음을 듣고, 대답으로 알맞지 <u>않은</u> 것을 고르시
오. ·····································( )

① ② ③ ④

18

다음을 듣고, 이어질 말로 알맞지 <u>않은</u> 것을 고르
시오. ·····································( )

① ② ③ ④

19

대화를 듣고, 이어질 말로 알맞은 것을 고르시
오. ·····································( )

① I walk to school every day.
② I sleep at nine o'clock.
③ I wake up at eight, too.
④ I have to finish my homework first.

20

대화를 듣고, 이어질 말로 알맞은 것을 고르시
오. ·····································( )

① How much is this carrot?
② Where is the supermarket?
③ What time is it now?
④ Are you going to the supermarket?

학습예정일	월 일	실제학습일	월 일	부모님확인란		점수	

정답과 해석 44쪽

●MP3 파일을 잘 듣고, 빈칸을 채우시오.

1

W : _____ 1점

2

G : It's so _____ 2점 today. I'm _____ 2점.

B : Here, _____ 2점 some water.

3

① W : It's time to sleep. Wash your face.

② W : It's seven o'clock. It's time to eat dinner.

③ W : Dinner is ready. Turn off the computer.

④ W : What a mess! _____ 2점 your _____ 2점.

4

G : Look, is that your sister, Minho?

B : Yes, it is. Her name is Sujin.

듣기실력쑥

1 1+1 문제

다음을 듣고, 첫소리가 같은 낱말을 고르시오. ················ ( )

① welcome
② tonight
③ party
④ smell

2 1+1 문제

대화를 듣고, 남자 아이가 여자 아이에게 주고 있는 것을 고르시오.
························· ( )

① 물
② 수건
③ 주스
④ 아이스크림

3 1+1 문제

다음 대화에 이어질 말로 알맞은 것을 고르시오. ················ ( )

A: What time is it?
B: _____

①   ②   ③   ④

4 1+1 문제

대화를 듣고, 민호가 이어서 할 일로 알맞은 것을 고르시오. ······ ( )

① 여동생에게 친구를 소개시키기
② 여동생과 함께 샌드위치를 먹기
③ 여동생과 함께 미용실에 가기
④ 여동생을 집까지 바래다 주기

G : She is very _____ [2점]. She has _____
_____ [3점], too.

B : Yes. Let me introduce you to her.

5

G : Tom, let's buy some flowers. _____ [2점] likes flowers.

B : Hmm, how about this book? She likes to read.

G : That's a good idea. Let's buy it.

B : I hope she likes our _____ [2점]!

5 1+1 문제
대화를 듣고, 두 사람이 사기로 한 물건을 고르시오. ············ (   )
① 책
② 꽃
③ 거울
④ 수첩

6

① G : See you tomorrow.

② G : Let me introduce myself.

③ G : _____ [2점]. I'm happy for you.

④ G : I'm sorry to hear that.

6 1+1 문제
다음을 듣고, 친구와 헤어질 때 할 수 있는 말을 고르시오. ········ (   )
①   ②   ③   ④

7

G : How is the weather today, John?

B : Not very good.

G : Is it raining outside?

B : No, but the _____ [2점] is very _____ [2점].

7 1+1 문제
대화를 듣고, 두 사람이 무엇에 대해 이야기하고 있는지 고르시오. ··· (   )
① 날짜
② 요일
③ 날씨
④ 기분

8

B : What are you going to do tomorrow, Susie?
G : I'm going to play _____ 2점 with my friends.
B : I like _____ 2점 , too. Can I _____ 2점 you?
G : Sure. It'll be fun.

9

G : Did you finish your math homework?
B : No, I didn't. Let's do it together on _____ 2점 .
G : Okay. What _____ 2점 shall we meet?
B : How about _____ 2점 o'clock?
G : Good. See you then.

10

G : Jack, how about playing baseball after school?
B : Sorry Nancy, but I can't.
G : Why not? Are you busy today?
B : Yes, I am. I have a _____ _____ 3점 in the afternoon.

8 1+1 문제
대화를 듣고, 다음 빈칸을 채워 보시오

Q: What is Susie going to do tomorrow?
A: She _____ _____ _____ play _____ .

9 1+1 문제
대화를 듣고, 두 사람이 만나서 할 일을 고르시오. ·············· (   )

① 영화 보기
② 숙제 하기
③ 선물 고르기
④ 병문안 가기

10 1+1 문제
대화를 듣고, Nancy가 Jack에게 제안한 것이 무엇인지 우리말로 쓰시오.

→ _____

11

① B : How many pieces of fruit are there?
　G : There are three apples and four bananas.
② B : How many pens and pencils are there?
　G : There are three pens and four pencils.
③ B : How many animals are there?
　G : There are three lions and four giraffes.
④ B : How many _____ 2점 are there?
　G : There are three _____ 2점 and four _____ 2점.

12

G : What are you looking for?
B : My _____ _____ 3점. I don't know where it is.
G : What color is your pencil case?
B : It's _____ 2점. Oh, I found it. It was under my bag!

13

① B : Nice to meet you.
② B : Help yourself.
③ B : I'll _____ 2점 you _____ 2점.
④ B : How are you doing?

듣기실력쑥

11 1+1 문제
다음을 듣고, 그림과 일치하는 것을 고르시오. ……………( )

① ② ③ ④

12 1+1 문제
대화를 듣고, 남자 아이의 필통이 있는 위치를 고르시오. ………( )
① 가방 위
② 가방 밑
③ 의자 위
④ 의자 밑

13 1+1 문제
다음을 듣고, 음식을 권할 때 할 수 있는 말을 고르시오. ………( )
① ② ③ ④

14

① W : How many sandwiches are there?

 B : There are three sandwiches.

② W : What do you want to eat _____

 _____ 3점 ?

 B : I want to _____ 2점 a sandwich.

③ W : Is it delicious?

 B : Yes, this sandwich is very delicious.

④ W : What are you eating now?

 B : I'm eating a sandwich.

15

G : Dad, look at that _____ 2점 ! Isn't it cute?

M : Yes, it is. Do you like it?

G : Yes, I do. Oh dad, I like this white _____ 2점 , too.

M : You can _____ 2점 them both. They will be your
   good friends.

16

① B : _____ _____ 3점 are running, and

 _____ _____ 3점 are playing _____ 2점 .

② B : Three girls are running, and three boys are playing
   badminton.

③ B : Two girls are running, and three boys are playing
   soccer.

④ B : Three girls are running, and three boys are playing
   soccer.

17

B : _____ [2점] do you do in your _____

_____ [3점]?

G : _____

① I listen to music.
② I read comic books.
③ I like to cook in my free time.
④ I _____ [2점] to buy a new bag.

18

B : Mom, did you _____ [2점] my _____

_____ [3점]?

W : _____

① No, did you lose it?
② It's on your bed.
③ No, I didn't see it.
④ I like English a lot.

19

B : _____ _____ [3점] do you _____

_____ [3점], Susan?

G : I wake up at eight o'clock. What about you?

B : _____

20

W : Excuse me, _____ [2점] do I get to the
supermarket?

M : Can you _____ [2점] that _____ _____ [3점]
time?

W : _____

17 1+1 문제
다음을 듣고, 남자 아이가 무엇을 묻고 있는지 고르시오. ········( )
① 나이
② 취미
③ 날씨
④ 가족 관계

18 1+1 문제
다음을 듣고, 남자 아이가 찾고 있는 물건을 고르시오. ··········( )
① 우산
② 안경
③ 목도리
④ 영어책

19 1+1 문제
대화를 듣고, 질문에 알맞은 대답이 되도록 빈칸을 채우시오.
Q: What time does Susan wake up?
A: She wakes up _____ eight _____.

20 1+1 문제
대화를 듣고, 여자가 가려고 하는 곳을 고르시오. ···············( )
① 은행
② 소방서
③ 우체국
④ 슈퍼마켓

step2 4학년 영어듣기 낱말받아쓰기 10회

정답과 해석 48쪽

학습예정일	월 일	실제학습일	월 일	부모님확인란	맞은개수

● 들려주는 단어를 잘 듣고, 영어노트에 받아쓰시오.

1 *turn* ▶ *turn off*

2 ▶

3 ▶

4 ▶

5 ▶

6 ▶

7 ▶

8 ▶

9 ▶

10 ▶

11 ▶

12 ▶

13 ▶

14 ▶

15 ▶

step3 4학년 영어듣기 통문장받아쓰기 10회

정답과 해석 48쪽

학습예정일	월 일	실제학습일	월 일	부모님확인란		맞은개수	

● 대화를 듣고, 영어노트에 문장을 받아쓰시오.

1 A: *Is that your sister?*

B: Yes, it is.

2 A:

B: Not very good.

3 A: What are you going to do tomorrow?

B:

4 A:

B: Sure.

5 A:

B: Yes. I have a piano lesson in the afternoon.

6 A:

B: There are three boys and four girls.

7 A:

B: It's green.

8 A:

B: I want to eat a sandwich.

9 A:

B: I read comic books.

10 A: *Mom,*

B: Yes. It's on your bed.

학습계획표 20일 완성!

✔ 초등영어 받아쓰기 · 듣기 10회 모의고사를 100% 활용할 수 있도록 도와주는 학습계획표입니다.

  스스로 학습 일정을 계획하고 학습 현황을 체크하면서 공부하는 습관은 문제집을 끝까지 푸는 데 도움을 줍니다.

Day	학습내용	학습결과		학습날짜		
1일차	01회 모의고사	맞음	/20	월	일	요일
2일차	01회 받아쓰기 학습 1+1문제 풀기	점수	/100	월	일	요일
3일차	02회 모의고사	맞음	/20	월	일	요일
4일차	02회 받아쓰기 학습 1+1문제 풀기	점수	/100	월	일	요일
5일차	03회 모의고사	맞음	/20	월	일	요일
6일차	03회 받아쓰기 학습 1+1문제 풀기	점수	/100	월	일	요일
7일차	04회 모의고사	맞음	/20	월	일	요일
8일차	04회 받아쓰기 학습 1+1문제 풀기	점수	/100	월	일	요일
9일차	05회 모의고사	맞음	/20	월	일	요일
10일차	05회 받아쓰기 학습 1+1문제 풀기	점수	/100	월	일	요일
11일차	06회 모의고사	맞음	/20	월	일	요일
12일차	06회 받아쓰기 학습 1+1문제 풀기	점수	/100	월	일	요일
13일차	07회 모의고사	맞음	/20	월	일	요일
14일차	07회 받아쓰기 학습 1+1문제 풀기	점수	/100	월	일	요일
15일차	08회 모의고사	맞음	/20	월	일	요일
16일차	08회 받아쓰기 학습 1+1문제 풀기	점수	/100	월	일	요일
17일차	09회 모의고사	맞음	/20	월	일	요일
18일차	09회 받아쓰기 학습 1+1문제 풀기	점수	/100	월	일	요일
19일차	10회 모의고사	맞음	/20	월	일	요일
20일차	10회 받아쓰기 학습 1+1문제 풀기	점수	/100	월	일	요일

01회

1. school / apartment
2. airport / subway
3. thin / red cap
4. like / weather
5. ski / can skate
6. Who / cousin
7. outside / raining
8. fun / excited
9. yesterday / studied English / test
10. grandmother's house / going
11. How many / thirteen
12. Where / from Scotland
13. morning / Good night
14. found / under / table
15. Friday / sixth / date today / fourth
16. tigers / so / bears
17. straight / left
18. great / boy
19. Nice to meet
20. have / older brother

02회

1. giraffes / elephants
2. park / restaurant
3. luck / Help yourselves
4. dirty / Wash / quiet
5. write / draw / picture
6. older brother / cousin / cousin
7. snowing / cold / snowman
8. Don't come / can
9. future / doctor
10. jeans / shirt / yellow dress
11. How old / older than
12. looking for / English / under
13. help / here
14. finish / name
15. What time / America / seven o'clock
16. watch / movie / tickets
17. running / We
18. How's / weather
19. yesterday / played / don't
20. matter / stomachache / ate

03회

1. shoe / train / vegetable
2. warm / sunny
3. How about / teddy bear
4. favorite food / the most
5. English homework / difficult
6. broke / leg
7. Why not / busy / library
8. baseball / friends

9. favorite season / go skating
10. What time / six thirty
11. sisters / ten / eleven
12. look like / square / black.
13. should not / sorry / careful
14. glasses / long hair
15. introduce / close window
16. right / left.
17. five cows / three ducks
18. did / last / want
19. look sick / bad cold
20. where / under

1. stone / storm
2. order / orange juice
3. pass / Cheer up
4. finish / hospital.
5. can't / soccer.
6. like / math
7. rainy / bring / umbrella
8. scared / afraid
9. What day / yesterday / Thursday
10. visit / cousin.
11. how much / pen / notebook?
12. present / basketball.
13. help / kind
14. blue pencil case / blue

15. listening / music / bench.
16. be quiet / book.
17. yesterday / going to
18. How / school / walk
19. How many / need / ten
20. How / get to / across / coming.

1. pay / bag
2. beautiful rose
3. meet / no
4. peach / don't / watermelons
5. good pianist / learn
6. grow up / doctor.
7. sorry / late
8. bank / How many
9. went / baseball / too
10. take care of
11. four / three
12. What time / meet / nine
13. windy / See you
14. upset / more / cook
15. big / wearing / isn't / cap
16. erasers / many / five.
17. four tables / three chairs
18. How / these days / week
19. matter / lost
20. where / with me

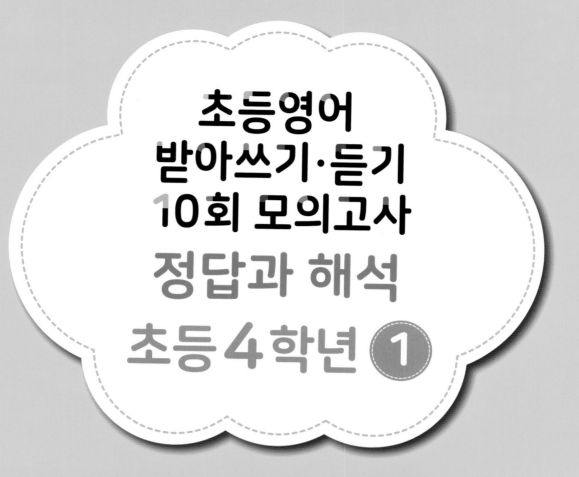

초등영어
받아쓰기·듣기
10회 모의고사
정답과 해석
초등4학년 ①

마더텅 학습 교재 이벤트에 참여해 주세요. 참여해 주신 모든 분께 선물을 드립니다.

이벤트 1 🎁 1분 간단 교재 사용 후기 이벤트

마더텅은 고객님의 소중한 의견을 반영하여 보다 좋은 책을 만들고자 합니다.
교재 구매 후, <교재 사용 후기 이벤트>에 참여해 주신 모든 분께는 감사의 마음을 담아
모바일 문화상품권 1천 원권 을 보내 드립니다. 지금 바로 QR 코드를 스캔해 소중한 의견을 보내 주세요!

이벤트 2 🎁 학습계획표 이벤트

STEP 1 책을 다 풀고 SNS 또는 수험생 커뮤니티에 작성한 학습계획표 사진을 업로드
필수 태그 #마더텅 #초등영어 #초받쓰 #학습계획표 #공스타그램
SNS/수험생 커뮤니티 페이스북, 인스타그램, 블로그, 네이버/다음 카페 등

STEP 2
 왼쪽 QR 코드를 스캔하여
작성한 게시물의 URL 인증

참여해 주신 모든 분께는 감사의 마음을 담아 CU 모바일 편의점 상품권 1천 원권 및 B 북포인트 2천 점 을 드립니다.

이벤트 3 🎁 블로그/SNS 이벤트

STEP 1 자신의 블로그/SNS 중 하나에 마더텅 교재에 대한 사용 후기를 작성
필수 태그 #마더텅 #초등영어 #초받쓰 #교재리뷰 #공스타그램
필수 내용 마더텅 교재 장점, 교재 사진

STEP 2
 왼쪽 QR 코드를 스캔하여
작성한 게시물의 URL 인증

참여해 주신 모든 분께는 감사의 마음을 담아 CU 모바일 편의점 상품권 2천 원권 및 B 북포인트 3천 점 을 드립니다.
매달 우수 후기자를 선정하여 모바일 문화상품권 2만 원권 과 B 북포인트 1만 점 을 드립니다.

B 북포인트란? 마더텅 인터넷 서점 http://book.toptutor.co.kr에서 교재 구매 시 현금처럼 사용할 수 있는 포인트입니다.

※자세한 사항은 해당 QR 코드를 스캔하거나 홈페이지 이벤트 공지글을 참고해 주세요.
※당사 사정에 따라 이벤트의 내용이나 상품이 변경될 수 있으며 변경 시 홈페이지에 공지합니다. ※만 14세 미만은 부모님께서 신청해 주셔야 합니다.
※상품은 이벤트 참여일로부터 2~3일(영업일 기준) 내에 발송됩니다. ※동일 교재로 세 가지 이벤트 모두 참여 가능합니다. (단, 같은 이벤트 중복 참여는 불가합니다.)
※이벤트 기간: 2024년 12월 31일까지 (*해당 이벤트는 당사 사정에 따라 조기 종료될 수 있습니다.)

MOTHERTONGUE
마더텅출판사
since 1999.4.1.

4학년 영어듣기 모의고사 정답과 해석

본문 8~17쪽

학습예정일	월 일	실제학습일	월 일	부모님확인란	점수

정답과 단어

듣기대본

우리말 해석

1 정답 ①

school 학교
swimming pool 수영장
park 공원
apartment 아파트

① M : school
② M : swimming pool
③ M : park
④ M : apartment

① 남자: 학교
② 남자: 수영장
③ 남자: 공원
④ 남자: 아파트

● 듣기실력쑥 정답
① 학교 ② 수영장
③ 공원 ④ 아파트

2 정답 ①

airport 공항
train 기차
subway 지하철
bus 버스

① W : airport
② W : train
③ W : subway
④ W : bus

① 여자: 공항
② 여자: 기차
③ 여자: 지하철
④ 여자: 버스

subway ▶

3 정답 ④

tall 키가 큰
thin 마른
cap (야구) 모자
blue jeans 청바지

B : I am tall and thin. I am wearing a red cap and blue jeans.

소년: 나는 키가 크고 말랐습니다. 나는 빨간색 모자와 청[파란색]바지를 입고 있습니다.

● 듣기실력쑥 정답 ① short
② red ③ blue

4 정답 ③

help 도와주다
here 여기
seven 7
year(s) old ~살, ~세
like 좋아하다
weather 날씨
Monday 월요일

① W: May I help you?
　M: Here you are.
② W: How are you?
　M: I'm seven years old.
③ W: Do you like pizza?
　M: Yes, I do.
④ W: How's the weather?
　M: It's Monday.

① 여자: 도와드릴까요?
　남자: 여기 있습니다.
② 여자: 잘 지내니?
　남자: 나는 7살입니다.
③ 여자: 너 피자 좋아하니?
　남자: 응, 좋아해.
④ 여자: 날씨가 어때?
　남자: 월요일이야.

5 정답 ②

winter 겨울
sport 운동, 스포츠
can ~할 수 있다
ski 스키를 타다
can't (= can not) ~할 수 없다
skate 스케이트를 타다

B : Do you like winter sports?
G : Yes, I do.
B : Can you ski?
G : No, I can't. I can skate.
B : I can skate, too.

소년: 너 겨울 스포츠 좋아하니?
소녀: 응, 좋아해.
소년: 스키 탈 수 있어?
소녀: 아니, 못 타. 난 스케이트를 탈 수 있어.
소년: 나도 스케이트 탈 수 있어.

6 정답 ③

look at ~을 보다
photo 사진
man 남자 (어른)
this is ~ (사람을 소개할 때) 이 사람은~, 이 분은~
cousin 사촌
handsome 잘생긴

● 듣기실력쑥 정답
uncle / cousin / aunt
삼촌 / 사촌 / 이모

G : What are you looking at?
B : I'm looking at my photos.
G : Who is this tall man?
B : This is my cousin.
G : He is very handsome.

소녀: 너는 무엇을 보고 있니?
소년: 나는 사진들을 보고 있어.
소녀: 이 키 큰 남자는 누구니?
소년: 이 사람은 내 사촌이야.
소녀: 그는 매우 잘생겼다.

7 정답 ①

let's ~ ~하자
soccer 축구
outside 밖에서
rain 비가 오다
want 원하다
watch 보다, 시청하다

G : Let's play soccer outside!
B : Look! It's raining outside.
G : Oh, no! What do you want to do?
B : Let's watch TV.

소녀: 밖에서 축구하자!
소년: 봐! 밖에 비가 오고 있어.
소녀: 오, 이런! 너 뭐하고 싶니?
소년: 텔레비전 보자.

8 정답 ③

yesterday 어제
watch 보다
fun 재미
excited 신이 난, 흥분된

● 듣기실력쑥 정답 sad

G : What did you do yesterday?
B : I watched a soccer game on TV.
G : Was it fun?
B : Yes, it was. I was so excited.

소녀: 너 어제 뭐했어?
소년: 나는 TV로 축구 경기를 봤어.
소녀: 그것은 재미있었니?
소년: 응. 나는 매우 신났었어.

9 정답 ③

tired 피곤한
matter 일, 문제
study 공부하다
hard 열심히
English 영어
test 시험, 테스트

● 듣기실력쑥 정답
I ate some bread.

B : I'm tired.
G : What's the matter?
B : I studied very hard yesterday.
G : What did you study?
B : I studied English for the test.

소년: 난 피곤해.
소녀: 무슨 일 있니?
소년: 어제 공부를 너무 열심히 했거든.
소녀: 무슨 공부했니?
소년: 시험 때문에 영어 공부 했어.

10 정답 ②

play baseball 야구 하다
sorry 미안한
be going to ~로 갈 것이다 (진행형으로 미래의 의미를 나타냄)
grandmother 할머니
because 왜냐하면
tomorrow 내일
birthday 생일

● 듣기실력쑥 정답 엄마 생신이라서 외식하러 나가기 때문에

G : Let's play baseball, Andy.
B : I'm sorry, I can't. I'm going to my grandmother's house.
G : Why are you going?
B : Because tomorrow is my grandmother's birthday.

소녀: Andy, 야구 하자.
소년: 미안, 난 못해. 우리 할머니 댁에 갈 거거든.
소녀: 왜 갈 건데?
소년: 왜냐하면 내일이 우리 할머니 생신이셔.

grandmother ▶

11 정답 ④

help	도와주다
some	좀, 몇 개의
eraser	지우개
want	원하다
thirteen	13

M: May I help you?
G: Can I buy some erasers?
M: Sure. How many erasers do you want?
G: I want thirteen erasers.
M: Here you are.

남자: 무엇을 도와드릴까요?
소녀: 지우개 좀 살 수 있을까요?
남자: 물론입니다. 몇 개의 지우개를 원하십니까?
소녀: 지우개 13개를 원해요.
남자: 여기 있어요.

12 정답 ③

who	누구
woman	여자 (어른)
teacher	선생님
where	어디
be from	~에서 오다, ~출신이다
Scotland	스코틀랜드
very	아주, 매우
tall	키 큰

● 듣기실력쑥 정답 Korea

G: Who is that woman?
B: She is my English teacher, Jane.
G: Where is she from?
B: She's from Scotland.
G: Wow, she is very tall.

소녀: 저 여자 분은 누구시니?
소년: 그녀는 내 영어 선생님인 Jane이셔.
소녀: 그녀는 어느 나라에서 왔니?
소년: 그녀는 스코틀랜드에서 오셨어.
소녀: 와, 그녀는 키가 아주 크다.

teacher ▶

13 정답 ①

good	좋은
morning	아침
evening	저녁
afternoon	오후
night	밤

● 듣기실력쑥 정답 ④

① M: Good morning!
② M: Good evening!
③ M: Good afternoon!
④ M: Good night!

① 남자: 좋은 아침!
② 남자: 좋은 저녁!
③ 남자: 좋은 오후!
④ 남자: 잘 재!

14 정답 ③

see	보다
book	책
on	~위에
table	탁자
chair	의자
found	찾았다 (find의 과거형)
under	~아래에

● 듣기실력쑥 정답
Where. books. on

B: Mom, did you see my books?
W: Yes, they are on the table.
B: They're not on the table.
W: Did you see on the chair?
B: Oh! I found them. They are under the table.

소년: 엄마, 제 책들 보셨나요?
여자: 응, 그것들은 탁자 위에 있다.
소년: 그것들은 탁자 위에 없어요.
여자: 의자 위에 봤니?
소년: 오! 그것들을 찾았어요. 그것들은 탁자 아래에 있어요.

15 정답 ③

when	언제
birthday	생일
Friday	금요일
May	5월
date	날짜
today	오늘
come	오다
party	파티
sure	물론

G: Tom, when is your birthday?
B: It's on Friday, May sixth.
G: What's the date today?
B: It's May fourth. Can you come to my birthday party?
G: Sure! See you on Friday!

소녀: Tom, 네 생일이 언제니?
소년: 5월 6일, 금요일이야.
소녀: 오늘 며칠이지?
소년: 5월 4일이야. 너 내 생일 파티에 올 수 있니?
소녀: 물론이지! 금요일에 보자!

◀ party

16 정답 ①

see   보다
many   많은
tiger   호랑이
so   아주, 너무
big   큰
bear   곰

● 듣기실력쑥 정답 ②

B : Wow, look at them!
G : I see many tigers.
B : They are so big.
G : Yes, they are. Look there! They are bears!
B : Those are big, too.

소년: 왜! 저들 좀 봬!
소녀: 난 호랑이들이 많이 보인다.
소년: 그들은 아주 커.
소녀: 응, 그렇네. 저기 좀 봬! 곰들이야!
소년: 저것들 또한 크구나.

---

17 정답 ③

excuse me   실례합니다
post office   우체국
go straight   직진하다
turn   돌다
left   왼쪽
corner   길모퉁이

● 듣기실력쑥 정답
straight. right

W: Excuse me, where is the post office?
M: Go straight and turn left at the corner. It's on your left.
W: I see. Thank you very much.
M: You're welcome.

여자: 실례합니다. 우체국이 어디에 있나요?
남자: 쭉 직진해서 길모퉁이에서 왼쪽으로 도세요. 그것은 당신 왼편에 있습니다.
여자: 알겠습니다. 대단히 감사합니다.
남자: 천만의 말씀입니다.

---

18 정답 ④

happy   행복한
great   좋은, 훌륭한
good   좋은
boy   소년

G : How are you doing?
B : _____

① I'm happy.
② I'm great.
③ I'm good, thank you.
④ I'm not a good boy.

소녀: 잘 지내니?
소년: _____

① 난 행복해.
② 난 좋아.
③ 난 잘 지내. 고마워.
④ 나는 좋은 소년이 아니야.

---

19 정답 ③

How do you do?   처음 뵙겠습니다.
nice   좋은
meet   만나다
home   집
too   ~도, 역시
like   좋아한다

G : How do you do? I'm Mina.
B : How do you do, Mina?
G : Nice to meet you.
B : _____

① I'm fine, thank you.
② I'm going home.
③ Nice to meet you, too.
④ I like Mina.

소녀: 처음 만나 뵙습니다. 저는 미나입니다.
소년: 미나, 처음 만나 뵙습니다.
소녀: 만나서 반갑습니다.
소년: _____

① 전 잘 지내요, 고마워요.
② 전 집에 가는 중입니다.
③ 저도, 만나서 반갑습니다.
④ 전 미나를 좋아합니다.

---

20 정답 ④

brother   남자 형제
sister   여자 형제

B : Do you have brothers or sisters?
G : Yes, I have one brother. How about you?
B : I have one older brother.
G : How old is he?
B : _____.

① He's very old.
② He's very tall.
③ He's playing soccer.
④ He's 15 years old.

소년: 너는 남자 형제나 여자 형제를 가지고 있니?
소녀: 응, 나는 남자 형제가 한 명 있어. 너는 어때?
소년: 난 형이 한 명 있어.
소녀: 그는 몇 살이니?
소년: _____

① 그는 매우 늙었어.
② 그는 매우 커.
③ 그는 축구를 하고 있어.
④ 그는 15살이야.

step2 낱말받아쓰기 정답 본문 18쪽

복습합시다!

학습 예정일	/	실제 학습일	/	부모님 확인란		맞은 개수	

1 subway / by subway
지하철 / 지하철로

2 live / live in
살다 / ~에 살다

3 can't / can't jump high
~할 수 없다 / 높이 뛰어 오를 수 없다

4 look / look at
보다 / ~을 보다

5 do / do homework
하다 / 숙제를 하다

6 watch / watch TV
시청하다, 보다 / TV를 시청하다

7 tired / be tired
피곤한 / 피곤하다

8 baseball / play baseball
야구 / 야구 하다

9 see / I see.
보다 / 그렇군.

10 let's / Let's go.
~하자 / 가자.

11 help / help yourself
도와주다 / 마음껏 드세요

12 so / so big
너무 / 너무 큰

13 have / have a problem
~있다 / 문제가 있다

14 how / how about ~?
어떻게 / ~는 어때?

15 good / good on you
좋은 / 너에게 잘 어울리는

step3 통문장받아쓰기 정답 본문 19쪽

복습합시다!

학습 예정일	/	실제 학습일	/	부모님 확인란		맞은 개수	

1 A: How's the weather?
A: 날씨가 어떠니?

B: It's raining.
B: 비가 오고 있어.

2 A: What are you looking at?
A: 너 뭐 보고 있는 거니?

B: I'm looking at the girl.
B: 나는 저 여자 아이를 보고 있어.

3 A: What do you want to do?
A: 넌 뭐하고 싶니?

B: I want to watch TV.
B: 난 TV를 보고 싶어.

4 A: What did you do yesterday?
A: 너 어제 무엇을 했니?

B: I did my homework.
B: 나는 숙제를 했어.

5 A: How do you feel?
A: 기분 어때?

B: I'm very tired.
B: 난 너무 피곤해.

6 A: What's the matter?
A: 무슨 일이니?

B: I have a problem.
B: 난 문제가 있어.

7 A: Where is she from?
A: 그녀는 어디 출신이니?

B: She's from Japan.
B: 그녀는 일본에서 왔어.

8 A: Can you come to my birthday party?
A: 너 내 생일 파티에 올 수 있니?

B: Sure!
B: 물론이지!

9 A: I can't go to see a movie today.
A: 나는 오늘 영화 보러 갈 수 없어.

B: I see.
B: 그렇군.

10 A: I don't like the red hat.
A: 나는 그 빨간색 모자가 마음에 들지 않아.

B: How about the blue one?
B: 파란색은 어때?

O2회 4학년 영어듣기 모의고사 정답과 해석

본문 20~29쪽

학습예정일	월 일	실제학습일	월 일	부모님확인란	점수

정답과 단어	듣기대본	우리말 해석

1 정답 ③

tiger 호랑이
zebra 얼룩말
giraffe 기린
elephant 코끼리

① W : tigers
② W : zebras
③ W : giraffes
④ W : elephants

① 여자: 호랑이들
② 여자: 얼룩말들
③ 여자: 기린들
④ 여자: 코끼리들

● 듣기실력쑥 정답
① 호랑이들 ② 얼룩말들
③ 여우들 ④ 아기들

2 정답 ②

park 공원
school 학교
restaurant 식당

① M : park
② M : telephone
③ M : school
④ M : restaurant

① 남자: 공원
② 남자: 전화기
③ 남자: 학교
④ 남자: 식당

● 듣기실력쑥 정답 park

3 정답 ④

night 밤
luck 운
weather 날씨

① W : Good night!
② W : Good luck!
③ W : The weather is nice!
④ W : Help yourselves.

① 여자: 좋은 밤[잘 자라]!
② 여자: 행운을 빈다!
③ 여자: 날씨 참 좋다!
④ 여자: 마음껏 먹으렴.

● 듣기실력쑥 정답 ④

4 정답 ①

dirty 더러운
play soccer 축구 하다
wash 씻다
first 우선, 먼저
dish 그릇, 접시
quiet 조용한

B : Mom, I'm home.
W: Your hands are dirty. What did you do?
B : I played soccer.
W: _____

① Wash your hands, first.
② Help yourself.
③ Wash the dishes.
④ Be quiet.

소년: 엄마, 저 집에 왔어요.
여자: 네 손이 더럽구나. 뭐했니?
소년: 저는 축구를 했어요.
여자 : _____

① 우선, 손부터 씻어라.
② 마음껏 먹으렴.
③ 설거지해라.
④ 조용히 해라.

dirty ▶

● 듣기실력쑥 정답 Be quiet!

5 정답 ④

old 나이가 ~인
write 쓰다
draw 그리다
picture 그림

B : Sumi, how old is your sister?
G : She is five years old.
B : Can she write the alphabet?
G : No, she can't. But she can draw a picture.
B : My brother can write the alphabet.

소년: 수미야, 네 여동생 몇 살이니?
소녀: 그녀는 다섯 살이야.
소년: 그녀는 알파벳 쓸 수 있니?
소녀: 아니, 못해. 하지만 그녀는 그림을 그릴 수 있어.
소년: 내 남동생은 알파벳 쓸 수 있어.

● 듣기실력쑥 정답 can't. can

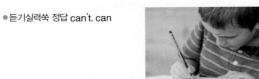
◀ write

draw ▶

6 정답 ②

older 더 나이가 많은
cousin 사촌
like ~처럼, ~같은

● 듣기실력쑥 정답 My sister
looks like my mother.

G : Who is this man? Is this your older brother?
B : No, he is my cousin.
G : He looks like your older brother.
B : Really? This is my cousin, Brian.

소녀: 이 남자는 누구니? 너의 형이니?
소년: 아니야. 그는 나의 사촌이야.
소녀: 너의 형처럼 보인다[형과 닮았다].
소년: 정말? 이 사람은 내 사촌인, Brian이야.

---

7 정답 ②

outside 밖에서
cold 추운
put on ~을 입다

● 듣기실력쑥 정답
① sunglasses
② jacket
③ rain coat

B : I want to play outside!
G : Look! It's snowing. It's very cold.
B : Wow! Let's make a snowman.
G : Okay. Put on your jacket!

소년: 난 밖에 나가서 놀고 싶어.
소녀: 봐! 눈이 오고 있어. 매우 춥다.
소년: 와! 눈사람 만들자.
소녀: 좋아. 재킷을 입어!

---

8 정답 ③

come 오다
this way 이쪽으로

● 듣기실력쑥 정답
① Don't run.
② Don't eat.
③ Don't cry.

① W : Please come this way.
② W : Come this way.
③ W : Don't come this way.
④ W : You can come this way.

① 여자: 이쪽으로 와 주세요.
② 여자: 이쪽으로 와라.
③ 여자: 이쪽으로 오지 마라.
④ 여자: 너는 이쪽으로 와도 된다.

---

9 정답 ③

future 미래
help 돕다
teacher 선생님
doctor 의사

W: Minsu, what will you do in the future?
B : I will help people.
W: Do you want to be a teacher?
B : No, I want to be a doctor.
W: You will be a good doctor.

여자: 민수야, 넌 미래에 무엇을 할 거니?
소년: 저는 사람들을 도울 거예요.
여자: 너는 선생님이 되고 싶니?
소년: 아니요, 저는 의사가 되고 싶어요.
여자: 넌 좋은 의사가 될 거야.

---

10 정답 ①

jeans 바지
shirt 셔츠
yellow 노란(색)
beautiful 아름다운

● 듣기실력쑥 정답
shirt, jeans

G : My mother is here.
B : Who is your mother? Is she wearing jeans and a red shirt?
G : No, she isn't. She is wearing a yellow dress.
B : Oh! I see. She is very beautiful.

소녀: 우리 엄마가 여기 있어.
소년: 누가 너의 엄마니? 그녀는 청바지에 빨간색 셔츠를 입으셨니?
소녀: 아니. 그녀는 노란색 원피스를 입으셨어.
소년: 오! 알겠다. 그녀는 정말 아름다우셔.

---

11 정답 ②

where 어디
be from ~출신이다
England 영국
than ~보다

G : Hello! Minsu! Where are you from?
B : I'm from Seoul, Korea. Jenny, where are you from?
G : I'm from England. How old are you?
B : I'm 13 years old. How about you?
G : I'm 15 years old.
B : You are two years older than I am.

소녀: 안녕! 민수야! 너는 어디 출신이야?
소년: 나는 한국, 서울 출신이야. Jenny, 너는 어디 출신이니?
소녀: 나는 영국에서 왔어. 너는 몇 살이니?
소년: 나는 13살이야. 넌 어때?
소녀: 나는 15살이야.
소녀: 너는 나보다 2살 더 나이가 많구나.

12 정답 ①

time	시간
look for	~을 찾다
desk	책상
under	~아래에
chair	의자

● 듣기실력쑥 정답
① at. inner
② o. chool

M: Sujin, it's time to go to school!
G : I'm <u>looking for</u> my <u>English</u> notebook.
M: It's on your desk.
G : No, it's not there.
M: Oh! It's <u>under</u> the chair.
G : I found it. Thanks Dad.

남자: 수진, 학교 갈 시간이다!
소녀: 저는 **영어** 공책을 **찾고** 있어요.
남자: 그것은 너의 책상 위에 있어.
소녀: 아니요, 거기 없어요.
남자: 오! 그것은 의자 **아래에** 있다.
소녀: 저 그것을 찾았어요. 감사해요. 아빠.

13 정답 ④

eraser	지우개
here	여기

● 듣기실력쑥 정답
① 나는 영어로 말할 수 있다.
② 너의 펜을 사용해도 될까?
③ 사과 하나 주세요.

W: May I <u>help</u> you?
B : Can I have an eraser, please?
W: Sure, <u>here</u> you are.

여자: **도와드릴까요?**
소년: 지우개 하나 살 수 있을까요?
여자: 그럼요, **여기** 있어요.

14 정답 ②

great	좋은, 훌륭한
finish	마치다
homework	숙제
name	이름

● 듣기실력쑥 정답
① I am
② I didn't
③ I do

①G : How are you?
  B : I'm great, thank you.
②G : Is this your jacket?
  B : No, I don't.
③G : Did you <u>finish</u> your homework?
  B : Yes, I did.
④G : What is your <u>name</u>?
  B : I'm Jim.

① 소녀: 잘 지내니?
  소년: 응, 잘 지내, 고마워.
② 소녀: 이거 너의 재킷이니?
  소년: 아니, 나는 아니야.
③ 소녀: 숙제 다 **끝냈니?**
  소년: 응, 다했어.
④ 소녀: 너의 **이름**은 무엇이니?
  소년: 나는 Jim이야.

15 정답 ③

this is ~	(전화상에서) 나 ~야
America	미국
o'clock	~시, 정각
eleven	11

(Telephone rings.)
G : Hello! This is Sumi.
B : How are you, Sumi? <u>What</u> <u>time</u> is it in <u>America</u>?
G : It's <u>seven</u> <u>o'clock</u>. What time is it in Korea?
B : It's eleven o'clock.

(전화벨이 울린다.)
소녀: 여보세요! 나 수미야.
소년: 잘 지내니, 수미야? 미국은 **몇** 시야?
소녀: 7시야. 한국은 몇 시야?
소년: 11시야.

16 정답 ②

watch	보다
action movie	액션 영화
ticket	표

● 듣기실력쑥 정답
1. How about this action movie?
2. How about this yellow dress?

B : What do you want to <u>watch</u>?
G : I like an action <u>movie</u>.
B : Me too.
G : How about that movie?
B : Okay. Let's buy <u>tickets</u>.

소년: 너 무엇을 보고 싶니?
소녀: 난 액션 **영화**를 좋아해.
소년: 나도 그래.
소녀: 저 영화 어때?
소년: 좋아, **표** 사자.

◀ watch

17 정답 ③

playground 운동장
run 달리다. 뛰다

● 듣기실력쑥 정답 She is doing her homework.

W : What are they doing?
M : _____

① They ran in the playground.
② They run in the playground.
③ They are running.
④ We are running.

◀ run

여자: 그들은 무엇을 하고 있습니까?
남자: _____

① 그들은 운동장에서 달렸다.
② 그들은 운동장에서 달린다.
③ 그들은 달리고 있다.
④ 우리들은 달리고 있다.

---

18 정답 ①

get up 일어나다
weather 날씨
outside 밖에
sunny 화창한
cloudy 흐린

● 듣기실력쑥 정답
① (w)indy
② (s)nowy / snowing
③ (r)ainy / raining

W: Ted, get up! It's time to go to school.
B : Okay. How's the weather outside?
W: _____

① It's seven o'clock.
② It's sunny.
③ It's cold.
④ It's cloudy.

여자: Ted야, 일어나렴! 학교 갈 시간이다.
소년: 알겠어요. 밖에 날씨 어때요?
여자: _____

① 7시야.
② 화창하구나.
③ 춥단다.
④ 흐리구나.

---

19 정답 ③

yesterday 어제
basketball 농구

● 듣기실력쑥 정답
1. I played the piano.
2. She went to the park.

M: What did you do yesterday?
W: _____

① I play basketball.
② I'm playing basketball.
③ I played basketball.
④ I don't play basketball.

남자: 당신은 어제 무엇을 했습니까?
여자: _____

① 나는 농구를 합니다.
② 난 농구를 하고 있습니다.
③ 나는 농구를 했습니다.
④ 나는 농구를 하지 않습니다.

---

20 정답 ④

matter 문제
stomachache 복통, 배 아픔
ate 먹었다 (eat의 과거형)

● 듣기실력쑥 정답
① stomachache
② headache
③ toothache
④ cold

W: What's the matter?
B : I have a stomachache.
W: What did you eat?
B : I ate some chocolate and some ice cream.
W: _____

① I am very happy with you.
② No problem.
③ That sounds good.
④ I think you ate too many sweets.

◀ eat-ate

stomachache ▶

여자: 무슨 문제니[어디가 아프니]?
소년: 저는 복통이 있어요[배가 아파요].
여자: 무엇을 먹었니?
소년: 초콜릿과 아이스크림을 좀 먹었어요.
여자: _____

① 나는 너 때문에 기쁘다.
② 문제없어.
③ 그거 재미있겠는데.
④ 내 생각에 너는 단것을 너무 많이 먹은 것 같구나.

step2 낱말받아쓰기 정답 본문 30쪽

복습합시다!

| 학습예정일 | / | 실제학습일 | / | 부모님확인란 | | 맞은개수 | |

1 school / go to school
학교 / 학교에 가다

2 luck / good luck
운 / 행운을 빈다

3 help / Help yourself.
돕다 / 마음껏 먹어.

4 home / be home
집 / 집에 있다, 집에 오다

5 wash / wash one's hands
씻다 / 손을 씻다

6 quiet / Be quiet.
조용한 / 조용히 해라.

7 put / put on
놓다 / ~을 입다, 쓰다, 걸치다

8 look / look for
보다 / ~을 찾다

9 finish / finish one's homework
마치다 / 숙제를 마치다

10 watch / watch a movie
보다 / 영화를 보다

11 run / run out
달리다 / 다 떨어지다

12 get / get up
(어떤 상태가) 되다 / 일어나다

13 basketball / play basketball
농구 / 농구하다

14 play / play the piano
연주하다 / 피아노를 연주하다

15 matter / What's the matter?
문제 / 무슨 일이야?

step3 통문장받아쓰기 정답 본문 31쪽

복습합시다!

| 학습예정일 | / | 실제학습일 | / | 부모님확인란 | | 맞은개수 | |

1 A: I have a test tomorrow.
A: 나 내일 시험이 있어.
B: Good luck.
B: 행운을 빌어.

2 A: They look so delicious!
A: 맛있어 보이네요!
B: Help yourself.
B: 마음껏 먹으렴.

3 A: I'm home.
A: 저 집에 왔어요.
B: How was school?
B: 학교는 어땠니?

4 A: My hands are so dirty.
A: 내 손이 너무 더럽다.
B: Wash your hands.
B: 네 손을 씻어.

5 A: Be quiet!
A: 조용히 하렴!
B: Sorry.
B: 죄송해요.

6 A: It's cold here.
A: 여기 춥다.
B: Put on your coat.
B: 네 코트를 입으렴.

7 A: What are you looking for?
A: 너는 무엇을 찾고 있니?
B: I am looking for my pencil.
B: 저는 저의 연필을 찾고 있어요.

8 A: Did you finish your homework?
A: 너 숙제 다 했니?
B: Yes, I did.
B: 네, 다 했어요.

9 A: What do you want?
A: 너는 무엇을 원하니?
B: I want to watch a movie.
B: 나는 영화를 보고 싶어.

10 A: What time do you get up?
A: 너는 몇 시에 일어나니?
B: At eight in the morning.
B: 아침 8시에.

4학년 영어듣기 모의고사 정답과 해석

본문 32~41쪽

학습예정일	월 일	실제학습일	월 일	부모님확인란		점수	

정답과 단어	듣기대본	우리말 해석

1 정답 ②

vegetable 채소

● 듣기실력쑥 정답 ③

① W : shoe
② W : train
③ W : watch
④ W : vegetable

① 여자: 신발
② 여자: 기차
③ 여자: 손목시계
④ 여자: 채소

---

2 정답 ③

weather 날씨
warm 따뜻한
sunny 화창한

● 듣기실력쑥 정답
It's snowy. / It's snowing.

G : How is the weather today, Peter?
B : It's warm and sunny.

소녀: Peter야, 오늘 날씨가 어떠니?
소년: 따뜻하고 화창해.

---

3 정답 ④

look for ~을 찾다
present 선물
teddy bear 곰인형
popular 인기 있는

● 듣기실력쑥 정답 ②

B : I'm looking for a birthday present for my sister.
W: How about this pen?
B : It's okay, but I think she will like this teddy bear.
W: Yes, that one is popular, too.
B : I'll take this.

소년: 제 여동생을 위한 생일 선물을 찾고 있어요.
여자: 이 펜은 어떤가요?
소년: 그것도 괜찮지만, 그녀는 이 곰인형을 좋아할 것 같아요.
여자: 네, 그것도 인기가 있답니다.
소년: 이걸로 살게요.

---

4 정답 ④

favorite 가장 좋아하는
not bad 나쁘지는 않은
like ~ the most ~를 가장 좋아하다

● 듣기실력쑥 정답
hamburgers. pizza

G : Tom, what is your favorite food?
B : I like hamburgers and pizza. Do you like them, too?
G : No, I don't.
B : Then, do you like spaghetti?
G : It's not bad, but I like bulgogi the most.

소녀: Tom, 네가 가장 좋아하는 음식이 뭐니?
소년: 나는 햄버거와 피자를 좋아해. 너도 그것들을 좋아하니?
소녀: 아니.
소년: 그럼, 스파게티는 좋아하니?
소녀: 나쁘진 않지만, 나는 불고기를 가장 좋아해.

---

5 정답 ③

homework 숙제
difficult 어려운
for me 나에게

● 듣기실력쑥 정답
What, doing

B : Jane, what are you doing?
G : I'm doing my English homework.
B : I see. Is it easy?
G : No, it's difficult for me.

소년: Jane, 뭐하고 있니?
소녀: 난 영어 숙제를 하고 있어.
소년: 그렇구나. 그것은 쉽니?
소녀: 아니, 내겐 어려워.

◀ difficult

6 정답 ②

have some more ~
~를 좀 더 드세요

broke
부러뜨렸다
(break의 과거
형)

Can I ~? ~해도 될까?

● 듣기실력쑥 정답 ①

①G : Have some more cookies.
　B : No, thank you.
②G : Oh, no! Are you okay?
　B : I think I broke my leg.
③G : Can I see your book?
　B : Sure, here you are.
④G : Did you do your homework?
　B : No, I'm going to do it today.

① 소녀: 쿠키를 좀 더 먹어.
　소년: 아니, 됐어.
② 소녀: 오, 이런! 괜찮으세요?
　소년: 제 다리가 부러진 것 같아요.
③ 소녀: 네 책을 좀 봐도 될까?
　소년: 물론이지, 여기 있어.
④ 소녀: 네 숙제를 했니?
　소년: 아니, 오늘 할 거야.

---

7 정답 ②

beach 바닷가, 해변
piano lesson
피아노 수업
library 도서관
meet 만나다

● 듣기실력쑥 정답 ②

G : James, let's go to the beach tomorrow.
B : Sorry, but I can't.
G : Why not? Are you busy tomorrow?
B : _____

① Yes, I have a piano lesson.
② Yes, I have to study at the library.
③ No, let's take a beach ball, too.
④ No, what time shall we meet?

소녀: James, 내일 바닷가에 가자.
소년: 미안하지만, 안 돼.
소녀: 왜 안 돼? 너는 내일 바쁘니?
소년: _____

① 응, 피아노 수업이 있어.
② 응, 도서관에서 공부를 해야 해.
③ 아니, 비치볼도 가져 가자.
④ 아니, 몇 시에 만날까?

---

8 정답 ③

go swimming
수영하러 가다
baseball 야구
Sounds fun. 즐거웠겠구나, 재
미있었겠구나.

● 듣기실력쑥 정답
went. swimming. family

B : Sumi, what did you do yesterday?
G : I went swimming with my family. How about you, Jinho?
B : I played baseball with my friends.
G : Sounds fun.

소년: 수미야, 어제 무엇을 했니?
소녀: 나는 가족과 함께 수영하러 갔어. 진호야, 너는?
소년: 나는 친구들과 함께 야구를 했어.
소녀: 즐거웠겠구나.

---

9 정답 ③

favorite 가장 좋아하는
season 계절
go skating 스케이트 타러 가
다

G : It's cold today. I don't like winter.
B : Really? Well, winter is my favorite season.
G : Why is that?
B : Because I can go skating.

소녀: 오늘 춥다. 나는 겨울이 싫어.
소년: 그래? 음, 겨울은 내가 가장 좋아하는 계절인데.
소녀: 왜 그렇니?
소년: 왜냐하면 스케이트를 타러 갈 수 있기 때문이야.

---

10 정답 ②

Aren't you ~?
~하지 않니?
hungry 배고픈
go out for dinner
저녁 먹으러 나가
다

● 듣기실력쑥 정답 ④

B : Aren't you hungry, Sally?
G : Yes, I am. What time is it now?
B : It's six thirty. Let's go out for dinner.
G : Good idea.

소년: Sally야, 배 안 고프니?
소녀: 고파. 지금 몇 시니?
소년: 6시 반이야. 저녁 먹으러 나가자.
소녀: 좋은 생각이야.

---

11 정답 ③

sister 언니, 여동생

● 듣기실력쑥 정답 ③

G : My name is Julie. I'm twelve years old. I have two sisters, Sally and Kristina. Sally is ten years old, and Kristina is eleven years old.

소녀: 제 이름은 Julie입니다. 저는 12살이에요. 저에겐 두 명의 여동생이 있고, 그들은 Sally와 Kristina입니다. Sally는 10살이고, Kristina는 11살입니다.

12 정답 ②

wrong 잘못된
lost 잃어버렸다
(lose의 과거형)
round 둥근
square 정사각형의

● 듣기실력쑥 정답 ②

W: Is something wrong?
B: I think I lost my bag.
W: Oh, no. What does it look like? Is it a round bag?
B: No, it's a square bag, and it's black.

여자: 무슨 문제가 있니?
소년: 제 가방을 잃어버린 것 같아요.
여자: 저런. 어떻게 생겼니? 둥근 가방이니?
소년: 아뇨, 그건 네모난 가방이고, 검은색입니다.

13 정답 ④

should not ~하면 안 된다
classroom 교실
be careful 조심하다
next time 다음번

● 듣기실력쑥 정답 ①

W: You should not run in the classroom.
B: I'm sorry, Mrs. Brown.
W: Be careful next time.
B: Okay, I will.

여자: 교실에서는 뛰면 안 돼.
소년: 죄송해요, Brown 선생님.
여자: 다음부터 조심하렴.
소년: 네, 그럴게요.

14 정답 ②

wear glasses 안경을 끼다
long hair 긴 머리

● 듣기실력쑥 정답 ②

B: Laura, is that your sister?
G: No, my sister doesn't wear glasses.
B: Oh, I see. Does she have long hair?
G: Yes, she does. She is very pretty.

소년: 저 아이가 네 여동생이니, Laura?
소녀: 아니, 내 여동생은 안경을 끼지 않아.
소년: 아, 그렇구나. 그녀는 긴 머리를 가지고 있니?
소녀: 응. 그녀는 매우 예뻐.

15 정답 ④

introduce 소개하다
close 닫다

● 듣기실력쑥 정답 ①

① G: How have you been?
② G: Where is my bag?
③ G: Let me introduce my brother.
④ G: Can you close the window, please?

① 소녀: 그 동안 어떻게 지냈니?
② 소녀: 내 가방이 어디 있지?
③ 소녀: 내 남동생을 소개할게.
④ 소녀: 창문 좀 닫아 주겠니?

16 정답 ②

bookstore 서점
turn 돌다, 꺾다

● 듣기실력쑥 정답 ③

M: Excuse me, how can I get to the bookstore?
W: Go straight, and turn right.
M: Yes, and then?
W: Go straight one block, and turn left. It's on your left.
M: Thank you.

남자: 실례합니다. 서점에 어떻게 가나요?
여자: 쭉 가서, 오른쪽으로 도세요.
남자: 네, 그 다음에는요?
여자: 한 블럭 쭉 가셔서, 왼쪽으로 도세요. 그건 당신의 왼편에 있습니다.
남자: 고맙습니다.

17 정답 ④

cow 소, 젖소
duck 오리
farm 농장

● 듣기실력쑥 정답 ①

① W: There are four cows and six ducks in the farm.
② W: There are four cows and three ducks in the farm.
③ W: There are five cows and six ducks in the farm.
④ W: There are five cows and three ducks in the farm.

① 여자: 농장에는 소 네 마리와 오리 여섯 마리가 있습니다.
② 여자: 농장에는 소 네 마리와 오리 세 마리가 있습니다.
③ 여자: 농장에는 소 다섯 마리와 오리 여섯 마리가 있습니다.
④ 여자: 농장에는 소 다섯 마리와 오리 세 마리가 있습니다.

◀ cow

18 정답 ③

last 지난, 저번
weekend 주말
stay 머무르다
house 집

● 듣기실력쑥 정답 ④

G : What did you do last weekend?
B : _____

① I played tennis.
② I stayed home.
③ I want to be a doctor.
④ I went to my grandmother's house.

소녀: 지난 주말에 넌 무엇을 했니?
소년: _____

① 나는 테니스를 했어.
② 나는 집에 있었어.
③ 나는 의사가 되고 싶어.
④ 나는 할머니 댁에 갔어.

19 정답 ④

look ~해 보이다
sick 아픈
help 돕다
bad cold 독한 감기

B : You look sick. Are you okay?
G : _____

① No, thank you.
② Long time no see.
③ I can help you.
④ I think I have a bad cold.

소녀: 너 아파 보인다. 괜찮니?
소녀: _____

① 아니, 됐어. (사양하는 표현)
② 오랜만이다.
③ 난 널 도울 수 있어.
④ 독한 감기에 걸린 것 같아.

◀ help

20 정답 ③

Good for you.
잘 됐구나.
under ~밑에
chair 의자

G : Where is my notebook?
B : _____

① Good for you.
② I want some more.
③ It's under the chair.
④ Yes, you're right.

소녀: 내 공책이 어디에 있니?
소년: _____

① 잘 됐구나.
② 좀 더 필요해.[좀 더 먹고 싶다.]
③ 의자 밑에 있어.
④ 응, 네가 옳아.

step2 낱말받아쓰기 정답 본문 42쪽

학습 예정일	/	실제 학습일	/	부모님 확인란	맞은 개수	

1 favorite / favorite food
가장 좋아하는 / 가장 좋아하는 음식

2 difficult / be difficult for
어려운 / ～에게 어렵다

3 break / break one's leg
부러뜨리다 / 다리를 부러뜨리다

4 homework / do one's homework
숙제 / ～의 숙제를 하다

5 swim / go swimming
수영하다 / 수영하러 가다

6 why / Why is that?
왜 / 왜 그렇지?

7 dinner / go out for dinner
저녁 식사 / 저녁 식사 하러 나가다

8 idea / Good idea.
생각 / 좋은 생각이다.

9 look / look like
보이다, 보다 / ～처럼 보이다, ～처럼 생기다

10 glasses / wear glasses
안경 / 안경을 쓰다

11 close / close the window
닫다 / 창문을 닫다

12 stay / stay home
머무르다, 지내다 / 집에 머무르다

13 cold / catch a cold
감기 / 감기에 걸리다

14 straight / go straight
곧은 / 곧장 가다

15 tennis / play tennis
테니스 / 테니스를 하다

step3 통문장받아쓰기 정답 본문 43쪽

학습 예정일	/	실제 학습일	/	부모님 확인란	맞은 개수	

1 A: How is the weather today?
A: 오늘 날씨가 어떻니?
B: It's windy.
B: 바람이 불어.

2 A: What is your favorite food?
A: 네가 가장 좋아하는 음식이 뭐니?
B: My favorite food is pizza.
B: 내가 가장 좋아하는 음식은 피자야.

3 A: What are you doing?
A: 무엇을 하고 있니?
B: I'm doing my English homework.
B: 나는 영어 숙제를 하고 있어.

4 A: Can I see your book?
A: 네 책을 좀 봐도 될까?
B: Sure. Here you are.
B: 물론이지. 여기 있어.

5 A: Are you busy tomorrow?
A: 너 내일 바쁘니?
B: Yes, I have a piano lesson.
B: 응, 나는 피아노 수업이 있어.

6 A: Aren't you hungry?
A: 배가 고프지 않니?
B: Yes, I am.
B: 응, 고파.

7 A: What does your bag look like?
A: 네 가방은 어떻게 생겼니?
B: It's round and black.
B: 둥글고 검은색이야.

8 A: How can I get to the bookstore?
A: 서점에 어떻게 가나요?
B: Go straight and turn left.
B: 곧장 가셔서 왼쪽으로 도세요.

9 A: What did you do last weekend?
A: 저번 주말에 너는 무엇을 했니?
B: I stayed home.
B: 난 집에 있었어.

10 A: Are you okay?
A: 너 괜찮니?
B: No, I have a cold.
B: 아니, 감기에 걸렸어.

04회 4학년 영어듣기 모의고사 정답과 해석

본문 44~53쪽

학습예정일	월 일	실제학습일	월 일	부모님확인란	점수

정답과 단어	듣기대본	우리말 해석

1 정답 ②

storm 폭풍우
subway 지하철

① W : stone
② W : storm
③ W : summer
④ W : subway

① 여자: 돌
② 여자: 폭풍우
③ 여자: 여름
④ 여자: 지하철

● 듣기실력쑥 정답 ③

---

2 정답 ④

ready 준비가 된
order 주문하다
cream 크림
else 또 다른

W: Are you ready to order?
M: Yes, I'll have the cream spaghetti, please.
W: Okay, anything else?
M: Oh, and orange juice, too.

여자: 주문하시겠어요?
남자: 네. 크림 스파게티 주세요.
여자: 네. 또 다른 건요?
남자: 아, 오렌지 주스도 주세요.

● 듣기실력쑥 정답 ②

---

3 정답 ②

busy 바쁜
pass 통과하다
cheer up 기운 내, 힘내
do better 더 잘하다
next time 다음번
lunch 점심 식사

①G : Are you busy now?
  B : Yes, I am.
②G : Happy birthday, Minsu!
  B : Thank you for coming.
③G : I didn't pass the test.
  B : Cheer up. You will do better next time.
④G : I'm hungry. Let's have lunch.
  B : Good idea.

① 소녀: 너 지금 바쁘니?
  소년: 응.
② 소녀: 민수야, 생일 축하해!
  소년: 와 줘서 고마워.
③ 소녀: 시험에 통과하지 못했어.
  소년: 기운 내. 다음번엔 더 잘할 거야.
④ 소녀: 배고프다. 점심 먹자.
  소년: 좋은 생각이야.

● 듣기실력쑥 정답 ③

---

4 정답 ④

meet 만나다
finish 끝내다
wake up 일어나다, 깨다
should ~해야 한다

① W : Nice to meet you.
② W : Did you finish your homework?
③ W : What time did you wake up?
④ W : I think you should go to the hospital.

① 여자: 만나서 반갑습니다.
② 여자: 네 숙제를 끝마쳤니?
③ 여자: 몇 시에 일어났니?
④ 여자: 내 생각에 너는 병원에 가야 할 것 같구나.

● 듣기실력쑥 정답 ①

---

5 정답 ③

tennis 테니스
How about ~?
  ~는 어떠니?
either (부정문에서) ~도

G : Tom, let's go swimming.
B : Sorry Sally, I can't swim.
G : Then, how about playing tennis?
B : I can't play tennis, either. But I can play soccer.

소녀: Tom, 수영하러 가자.
소년: 미안 Sally야, 난 수영을 못해.
소녀: 그렇다면, 테니스 치는 건 어떠니?
소년: 난 테니스도 하지 못해. 하지만 축구는 할 수 있어.

● 듣기실력쑥 정답 수영, 테니스

6 정답 ②

science 과학
difficult 어려운
math 수학
number 숫자

● 듣기실력쑥 정답 ③

B : I think science is very fun. Do you like it too, Lily?
G : No, it's too difficult. I like math.
B : Oh, really? Why?
G : Because I like numbers.

소년: 과학은 정말 재미있는 것 같아. 너도 그걸 좋아하니, Lily?
소녀: 아니, 그건 너무 어려워. 난 수학이 좋아.
소년: 오, 그래? 왜?
소녀: 난 숫자를 좋아하기 때문이야.

---

7 정답 ④

rainy 비가 오는
bring 가져오다
umbrella 우산
borrow 빌리다

● 듣기실력쑥 정답 ②

G : How's the weather?
B : It's rainy.
G : Oh no! I didn't bring my umbrella.
B : I have two umbrellas. You can borrow one.

소녀: 날씨가 어때?
소년: 비가 오고 있어.
소녀: 이런! 난 내 우산을 가져오지 않았는데.
소년: 내게 우산 두 개가 있어. 하나 빌려가도 돼.

---

8 정답 ③

scared 무서워하는
afraid 겁먹은
this morning 오늘 아침

● 듣기실력쑥 정답 ②

◀ scared

① G : How much is your shirt?
　 B : It's ten dollars.
② G : Would you close the door, please?
　 B : No problem.
③ G : I'm so scared.
　 B : Don't be afraid, it will be fun!
④ G : Did you eat breakfast?
　 B : No, I was too busy this morning.

① 소녀: 네 셔츠는 얼마니?
　 소년: 10달러야.
② 소녀: 문 좀 닫아줄래?
　 소년: 물론이지.
③ 소녀: 너무 무섭다.
　 소년: 겁먹지 마, 재미있을 거야!
④ 소녀: 아침 식사 했니?
　 소년: 아니, 난 오늘 아침에 너무 바빴어.

---

9 정답 ④

yesterday 어제
right 맞은, 옳은

● 듣기실력쑥 정답 ③

G : What day is it today, John?
B : It's Wednesday.
G : Wednesday? But yesterday was Wednesday.
B : Oh, you're right. Then it's Thursday.

소녀: John, 오늘이 무슨 요일이니?
소년: 수요일이야.
소녀: 수요일? 하지만 어제가 수요일이었는데.
소년: 아, 네 말이 맞다. 그럼 목요일이구나.

---

10 정답 ①

excited 흥분한, 신이 난
What's up? 무슨 일이니?
next week 다음 주
visit 방문하다
cousin 사촌

● 듣기실력쑥 정답 next week

B : You look excited, Kate. What's up?
G : I'm going to America next week.
B : Really? Sounds wonderful.
G : Yes. I'm going to visit my cousin.

소년: Kate, 너 신나 보인다. 무슨 일이니?
소녀: 난 다음 주에 미국에 갈 거야.
소년: 정말? 신나게 들리는걸.
소녀: 응. 난 사촌을 방문할 거야.

excited ▶

---

11 정답 ②

Excuse me. 실례합니다.
notebook 공책
buy 사다

● 듣기실력쑥 정답
pen. notebook

B : Excuse me, how much is this pen?
W: It's two dollars.
B : Okay, and what about this notebook?
W: It's three dollars.
B : I see. I'll buy two pens and one notebook.

소년: 실례합니다. 이 펜은 얼마인가요?
여자: 2달러입니다.
소년: 네, 그럼 이 공책은요?
여자: 3달러입니다.
소년: 그렇군요. 전 펜 두 개와 공책 하나를 사겠어요.

12 정답 ①

present 선물
basketball 농구공

● 듣기실력쑥 정답 ③

B : When is your birthday, Mina?
G : It's next Friday.
B : What do you want for a present?
G : I want a basketball.

소년: 미나야, 네 생일이 언제니?
소녀: 다음주 금요일이야.
소년: 선물로 무엇을 받고 싶니?
소녀: 난 농구공이 갖고 싶어.

present ▶

13 정답 ②

heavy 무거운
Can you ~? ~할 수 있니?
kind 친절한

G : Oh no, this box is too heavy. Can you help me, Tom?
B : Sure. I can do that.
G : That's very kind of you.

소녀: 이런, 이 상자가 너무 무겁다. Tom, 나를 도와줄 수 있겠니?
소년: 물론. 나는 그렇게 할 수 있어.
소녀: 너는 참 친절하구나.

14 정답 ④

pencil case 필통
yours 너의 것
give 주다
tomorrow 내일

● 듣기실력쑥 정답 ③

(Telephone rings.)
B : Hello?
G : Hi, This is Jane. Is there a blue pencil case in your room?
B : A blue pencil case? (Pause) Yes, is it yours?
G : Yes, it is. Can you give it to me tomorrow?
B : Sure.

(전화벨이 울린다.)
소년: 여보세요?
소녀: 안녕, 나 Jane이야. 네 방에 파란 필통이 있니?
소년: 파란 필통? (잠시 후) 응, 네 것이니?
소녀: 응. 내일 내게 그것을 줄 수 있겠니?
소년: 물론이지.

15 정답 ②

listen 듣다
bench 벤치

● 듣기실력쑥 정답 ③

B : Nami, is your sister playing tennis?
G : No, she's not.
B : Then, is she with her dog?
G : No, she's not. She is listening to music on the bench.

소년: 나미야, 네 여동생은 테니스를 치고 있니?
소녀: 그녀는 아니야.
소년: 그렇다면, 그녀는 그녀의 개와 함께 있니?
소녀: 그녀는 아니야. 그녀는 벤치에서 음악을 듣고 있어.

16 정답 ④

have to ~해야 한다
everyone 모든 사람

● 듣기실력쑥 정답 ③

B : Excuse me.
G : Yes?
B : You have to be quiet here. Everyone is reading a book.
G : I see. I'm sorry.

소년: 실례합니다.
소녀: 네?
소년: 여기선 조용히 해야 해요. 모두 책을 읽고 있습니다.
소녀: 그렇군요. 죄송해요.

17 정답 ④

all day 하루 종일
church 교회
be going to ~할 것이다
learn 배우다

● 듣기실력쑥 정답
Susan이 어제 한 일

B : What did you do yesterday, Susan?
G : _____

① I studied all day.
② I watched a movie.
③ I went to church with my sister.
④ I'm going to learn English.

소년: 어제 무엇을 했니, Susan?
소녀: _____

① 난 하루 종일 공부했어.
② 난 영화를 봤어.
③ 여동생과 함께 교회에 갔어.
④ 난 영어를 배울 거야.

18 정답 ③

ride (탈 것을) 타다
bicycle 자전거
subway 지하철
walk 걷다

● 듣기실력쑥 정답 ①

G : How do you go to school every day?
B : _____

① I ride my bicycle.
② I take the subway.
③ I wake up at eight o'clock.
④ I walk to school.

소녀: 너는 매일 학교에 어떻게 가니?
소년: _____

① 난 내 자전거를 타고 가.
② 난 지하철을 타고 가.
③ 난 8시에 일어나.
④ 난 학교에 걸어서 가.

bicycle ▶

19 정답 ①

need 필요하다
problem 문제
buy 사다

● 듣기실력쑥 정답 ②

B : How many pencils do you need?
G : _____

① I need ten.
② Sure, no problem.
③ I want to buy a pen.
④ I have ten dollars.

소년: 너는 연필 몇 개가 필요하니?
소녀: _____

① 난 열 개가 필요해.
② 물론, 문제 없어.
③ 나는 펜을 하나 사고 싶어.
④ 난 10달러를 가지고 있어.

◀ buy

20 정답 ②

nearest 가장 가까운
bus stop 버스 정류장
across ~건너편에
street 길
late 늦은

● 듣기실력쑥 정답 ④

W: How can I get to the nearest bus stop?
M: _____

① Let's meet at seven.
② It's across the street.
③ The bus is coming.
④ You're too late.

여자: 가장 가까운 버스 정류장에 어떻게 가나요?
남자: _____

① 7시에 만납시다.
② 길 건너편에 있습니다.
③ 버스가 오고 있습니다.
④ 당신은 너무 늦었어요.

step2 낱말받아쓰기 정답 본문 54쪽

복습합시다!

학습 예정일	/	실제 학습일	/	부모님 확인란	맞은 개수

1 else / Anything else?
다른 것 / 또 다른 것이 있나요?

2 better / do better
더 나은, 더 잘 / 더 잘 하다

3 next / next time
다음 / 다음번

4 finish / finish one's homework
끝내다 / ~의 숙제를 끝내다

5 afraid / be afraid
겁먹은 / 두려워하다

6 breakfast / eat breakfast
아침 식사 / 아침 식사를 하다

7 excited / look excited
신이 난 / 신이 나 보이다

8 present / birthday present
선물 / 생일 선물

9 listen / listen to music
듣다 / 음악을 듣다

10 quiet / be quiet
조용한 / 조용히 하다

11 day / all day
날, 일 / 하루 종일

12 church / go to church
교회 / 교회에 가다

13 walk / walk to
걷다 / ~로 걸어가다

14 problem / No problem.
문제 / 문제 없어요.

15 across / across the street
건너편에 / 길 건너편에

step3 통문장받아쓰기 정답 본문 55쪽

복습합시다!

학습 예정일	/	실제 학습일	/	부모님 확인란	맞은 개수

1 A: Are you busy now?
A: 너 지금 바쁘니?
B: Yes, I am.
B: 응.

2 A: I'm hungry. Let's have lunch.
A: 나 배고프다. 점심 먹자.
B: Good idea.
B: 좋은 생각이야.

3 A: How about playing tennis?
A: 테니스 치는 게 어때?
B: I can't play tennis, but I can play soccer.
B: 난 테니스를 칠 수 없지만, 축구는 할 수 있어.

4 A: Why do you like math?
A: 너는 왜 수학을 좋아하니?
B: Because I like numbers.
B: 난 숫자를 좋아하기 때문이야.

5 A: How is the weather?
A: 날씨가 어때?
B: It started to rain.
B: 비가 오기 시작했어.

6 A: How much is your shirt?
A: 네 셔츠는 얼마니?
B: It's ten dollars.
B: 그것은 10달러야.

7 A: You look excited. What's up?
A: 너 신이 나 보이는구나. 무슨 일이니?
B: I'm going to America next week.
B: 나 다음 주에 미국으로 가.

8 A: What do you want for a present?
A: 선물로 무엇을 받고 싶니?
B: I want a basketball.
B: 난 농구공을 원해.

9 A: Excuse me. You have to be quiet here.
A: 실례합니다. 여기선 조용히 해야 해요.
B: I'm sorry.
B: 죄송합니다.

10 A: What did you do yesterday?
A: 너 어제 무엇을 했니?
B: I watched a movie.
B: 난 영화를 봤어.

05회 4학년 영어듣기 모의고사 정답과 해석

본문 56~65쪽

학습예정일	월 일	실제학습일	월 일	부모님확인란		점수	

정답과 단어	듣기대본	우리말 해석

1 정답 ③

pay   지불하다

● 듣기실력쑥 정답 ②

① W : pay
② W : parents
③ W : bag
④ W : pencil

① 여자: 지불하다
② 여자: 부모님
③ 여자: 가방
④ 여자: 연필

2 정답 ①

rose   장미

● 듣기실력쑥 정답 What, tree

M : What a beautiful rose!

남자: 정말 아름다운 장미구나!

3 정답 ②

lunch   점심 식사
Long time no see.
        오랜만이야.

● 듣기실력쑥 정답 ①

① G : You're welcome.
② G : Nice to meet you.
③ G : It's time to eat lunch.
④ G : Long time no see.

① 소녀: 천만에.
② 소녀: 만나서 반가워.
③ 소녀: 점심 식사를 할 시간이야.
④ 소녀: 오랜만이야.

4 정답 ④

peach   복숭아
watermelon   수박

● 듣기실력쑥 정답 ②

B : What are you eating, Gina?
G : I'm eating a peach.
B : Do you like peaches?
G : Yes, I do. How about you, Minsu?
B : Well, I don't like them. I like watermelons.

소년: 지나야, 무엇을 먹고 있니?
소녀: 난 복숭아를 먹고 있어.
소년: 넌 복숭아를 좋아하니?
소녀: 응, 좋아해. 민수야 너는?
소년: 음, 난 그것들을 좋아하지 않아. 난 수박을 좋아해.

◀ peach

5 정답 ②

pianist   피아니스트
hobby   취미
learn   배우다
someday   언젠가

● 듣기실력쑥 정답 ③

G : Wow, you're a good pianist, Kevin!
B : Thanks, Sarah. My hobby is playing the piano.
G : Can you play the violin, too?
B : No, but I want to learn it someday.

소녀: 와, 너 정말 좋은 피아니스트구나, Kevin!
소년: 고마워, Sarah. 내 취미가 피아노 치는 거야.
소녀: 너 바이올린도 연주할 줄 아니?
소년: 아니, 하지만 언젠가 그것을 배우고 싶어.

6 정답 ①

grow up   크다, 자라다
doctor   의사
police officer
        경찰관
cool   멋진

● 듣기실력쑥 정답 ②

B : Mary, what do you want to be when you grow up?
G : I want to be a doctor. How about you, Peter?
B : I want to be a police officer.
G : That sounds cool.

소년: Mary야, 넌 커서 무엇이 되고 싶니?
소녀: 난 의사가 되고 싶어. 넌 어떠니, Peter?
소년: 난 경찰관이 되고 싶어.
소녀: 멋지구나.

doctor ▶

7 정답 ③

give ~ a hand ~을 도와주다
late 늦은
again 다시
buy 사다

● 듣기실력쑥 정답 ④

① W: Can you give me a hand?
　 M: Sure, no problem.
② W: Where are you going?
　 M: I'm going to the library.
③ W: I'm very sorry I'm late.
　 M: Don't be late again.
④ W: I want to buy some pens.
　 M: Here you go. They are one dollar each.

① 여자: 저를 좀 도와주시겠어요?
　 남자: 물론이죠, 문제 없어요.
② 여자: 어디 가세요?
　 남자: 전 도서관에 갑니다.
③ 여자: 늦어서 정말 죄송합니다.
　 남자: 다시 늦지 마세요.
④ 여자: 펜을 좀 사고 싶어요.
　 남자: 여기 있습니다. 각각 1달러씩입니다.

8 정답 ②

movie 영화
ticket 표, 입장권
sofa 소파
bank 은행
work 일터, 직장

● 듣기실력쑥 정답 ④

① M: Where is my movie ticket?
　 W: It's under the sofa.
② M: Excuse me. How can I get to the bank?
　 W: Go straight and turn right.
③ M: How many oranges do you have?
　 W: I have ten oranges.
④ M: How do you go to work?
　 W: I take the subway.

① 남자: 내 영화표가 어디 있지요?
　 여자: 그것은 소파 밑에 있습니다.
② 남자: 실례합니다. 은행에 어떻게 갑니까?
　 여자: 곧장 가서 오른쪽으로 도세요.
③ 남자: 몇 개의 오렌지를 가지고 있습니까?
　 여자: 전 10개의 오렌지를 가지고 있습니다.
④ 남자: 당신은 일터에 어떻게 갑니까?
　 여자: 저는 지하철을 타고 갑니다.

9 정답 ④

weekend 주말
baseball game 야구 시합

● 듣기실력쑥 정답 ②

G : Sam, did you have a good weekend?
B : Yes, I did. I went to a baseball game.
G : Really? I went to a baseball game, too!
B : Wow, nice. Well, I had a great time there.

소녀: Sam, 좋은 주말을 보냈니?
소년: 응. 난 야구 시합을 보러 갔어.
소녀: 정말? 나도 야구 시합을 보러 갔는데!
소년: 와, 멋져. 음, 난 거기서 좋은 시간을 보냈어.

10 정답 ①

zoo 동물원
have to ~해야 한다
take care of ~을 돌보다

● 듣기실력쑥 정답 ①

B : Lisa, let's go to the zoo this Saturday!
G : Saturday? Sorry Thomas, but I can't.
B : Why?
G : I have to take care of my brother.

소년: Lisa야, 이번 주 토요일에 동물원에 가자!
소녀: 토요일? 미안 Thomas야, 하지만 난 그럴 수 없어.
소년: 왜 그런데?
소녀: 나는 내 남동생을 돌봐야 하거든.

11 정답 ②

box 상자

● 듣기실력쑥 정답 ②

B : How many bananas are in the box?
G : There are four bananas.
B : How many apples are there?
G : There are three apples.

소년: 상자 안에 몇 개의 바나나가 있니?
소녀: 네 개의 바나나가 있어.
소년: 몇 개의 사과가 있니?
소녀: 세 개의 사과가 있어.

box ▶

12 정답 ②

beach 바닷가, 해변
meet 만나다
then 그때

● 듣기실력쑥 정답 ②

G : Tom, let's go to the beach tomorrow.
B : Good idea. What time shall we meet?
G : Hmm, how about nine o'clock in the morning?
B : Sounds good. See you then!

소녀: Tom, 내일 바닷가에 가자.
소년: 좋은 생각이다. 몇 시에 만날까?
소녀: 음, 오전 9시가 어때?
소년: 좋아. 그때 보자!

13 정답 ④

windy 바람이 많이 부는
outside 바깥에

● 듣기실력쑥 정답 ①

① B : It's very nice to see you.
② B : It's windy outside.
③ B : You were late yesterday.
④ B : See you next Monday.

① 소년: 너를 봐서 무척 반가워.
② 소년: 바깥에 바람이 불어.
③ 소년: 넌 어제 지각을 했어.
④ 소년: 다음 주 월요일에 봐.

14 정답 ③

upset 화가 난
broke 부러뜨렸다
(break의 과거형)
cook 요리사
remember 기억하다

● 듣기실력쑥 정답 ①

① G : How old are you?
　 B : I'm 13 years old.
② G : Why are you so upset?
　 B : My sister broke my glasses.
③ G : Would you like some more sandwiches?
　 B : Yes, I want to be a cook.
④ G : Do you remember when my birthday is?
　 B : I do. It's next Wednesday, right?

① 소녀: 너는 몇 살이니?
　 소년: 난 13살이야.
② 소녀: 왜 화가 났니?
　 소년: 여동생이 내 안경을 부러뜨렸어.
③ 소녀: 샌드위치를 좀 더 먹을래?
　 소년: 응, 난 요리사가 되고 싶어.
④ 소녀: 내 생일이 언제인지 기억하니?
　 소년: 응. 다음 주 수요일이야, 맞지?

broke
▼

15 정답 ③

find 찾다
look like ~처럼 보이다
wear 쓰다, 입다
cap 모자

● 듣기실력쑥 정답 ③

B : Nami, I can't find your brother. What does he look like?
G : Well, he has big eyes.
B : Is he wearing glasses?
G : No, he isn't. He is wearing a cap.

소년: 나미야, 네 남동생을 못 찾겠어. 그는 어떻게 생겼니?
소녀: 음, 그는 큰 눈을 가졌어.
소년: 그는 안경을 쓰고 있니?
소녀: 아니, 그렇지 않아. 그는 모자를 쓰고 있단다.

16 정답 ④

look for ~를 찾다
fine 좋은, 우수한
each 각각

● 듣기실력쑥 정답 ②

M : May I help you?
G : I'm looking for erasers.
M : Here are some fine erasers. How many do you need?
G : Hmm, I need five. How much are those?
M : One dollar each.

남자: 어떻게 도와드릴까요?
소녀: 전 지우개를 찾고 있어요.
남자: 여기 좋은 지우개가 있답니다. 몇 개가 필요하신가요?
소녀: 음, 5개가 필요해요. 저것들은 얼마인가요?
남자: 각각 1달러입니다.

17 정답 ②

there are~ ~들이 있다
table 탁자
chair 의자
room 방

● 듣기실력쑥 정답
There, two, three

① W : There are three tables and three chairs in the room.
② W : There are four tables and three chairs in the room.
③ W : There are three tables and four chairs in the room.
④ W : There are four tables and four chairs in the room.

① 여자: 방에는 세 개의 탁자와 세 개의 의자가 있습니다.
② 여자: 방에는 네 개의 탁자와 세 개의 의자가 있습니다.
③ 여자: 방에는 세 개의 탁자와 네 개의 의자가 있습니다.
④ 여자: 방에는 네 개의 탁자와 네 개의 의자가 있습니다.

18 정답 ③

these days 요즘
fine 좋은, 멋진
next week 다음 주

● 듣기실력쑥 정답 ①

B : How are you doing these days?
G : _____

① Today is Saturday.
② You're welcome.
③ I'm fine. How about you?
④ My father's birthday is next week.

소년: 요즘 어떻게 지내고 있니?
소녀: _____

① 오늘은 토요일이야.
② 천만에.
③ 잘 지내. 너는 어떠니?
④ 내 아버지의 생신은 다음 주야.

19 정답 ②

matter 문제
lost 잃어버렸다
(lose의 과거형)
Cheer up. 기운 내.
should ~해야 한다
wake up 일어나다
lucky 운이 좋은

● 듣기실력쑥 정답 ④

B : What's the matter, Lucy?
G : I think I lost my bicycle.
B : _____

① What a nice bicycle!
② Cheer up. You'll find it.
③ You should wake up now.
④ You're very lucky.

소년: Lucy야, 무슨 문제라도 있니?
소녀: 내 자전거를 잃어버린 것 같아.
소년: _____

① 정말 멋진 자전거다!
② 기운 내. 찾을 수 있을 거야.
③ 너는 지금 일어나야 해.
④ 너 정말 운이 좋구나.

20 정답 ①

movie	영화
theater	극장
go to sleep	잠자리에 들다
take	가져가다
umbrella	우산

● 듣기실력쑥 정답 ②

G : Larry, where are you going?
B : I'm going to the movie theater. Will you come with me?
G : _____

① Sure. Why not?
② I go to sleep at nine.
③ You should take an umbrella.
④ Yes, I'm watching a movie.

소녀: Larry야, 어디에 가고 있니?
소년: 나는 영화관에 가. 너도 나와 함께 갈래?
소녀: _____

① 그래, 그럴까?
② 난 9시에 잠자리에 들어.
③ 넌 우산을 가져가야 해.
④ 응, 난 영화를 보고 있어.

umbrella ▶

step2 낱말받아쓰기 정답 본문 66쪽   복습합시다!

학습 예정일	/	실제 학습일	/	부모님 확인란		맞은 개수	

1 lunch / lunchtime
점심 / 점심시간

2 piano / play the piano
피아노 / 피아노를 연주하다

3 give / give ~ a hand
주다 / ~을 도와주다

4 late / be late
늦은 / 늦다, 지각하다

5 ticket / movie ticket
표, 티켓 / 영화표

6 weekend / have a good weekend
주말 / 좋은 주말을 보내다

7 care / take care of
돌봄, 보살핌 / ~을 돌보다

8 next / next Monday
다음 / 다음 주 월요일

9 remember / remember one's birthday
기억하다 / ~의 생일을 기억하다

10 look / look like
보이다, 보다 / ~처럼 보이다

11 work / go to work
일하다, 일터 / 출근하다

12 week / next week
주 / 다음 주

13 day / these days
날 / 요즘

14 sleep / go to sleep
잠, 잠자다 / 잠자리에 들다

15 take / take out
가져가다 / 밖으로 가져가다

step3 통문장받아쓰기 정답 본문 67쪽   복습합시다!

학습 예정일	/	실제 학습일	/	부모님 확인란		맞은 개수	

1 A: Can you play the violin?
A: 너 바이올린을 연주할 줄 아니?

  B: No, but I want to learn it.
  B: 아니, 하지만 나는 그걸 배우고 싶어.

2 A: Can you give me a hand?
A: 나를 좀 도와주겠니?

  B: Sure. No problem.
  B: 물론. 문제 없어.

3 A: Where are you going?
A: 너는 어디에 가는 중이니?

  B: I'm going to the library.
  B: 난 도서관에 가는 중이야.

4 A: Where is my movie ticket?
A: 내 영화표가 어디에 있지?

  B: It's under the sofa.
  B: 그건 소파 밑에 있어.

5 A: How many bananas are in the box?
A: 상자 안에 몇 개의 바나나가 있니?

  B: There are four bananas.
  B: 네 개의 바나나가 있어.

6 A: What time shall we meet?
A: 우리 몇 시에 만날까?

  B: Let's meet at nine o'clock in the morning.
  B: 오전 9시에 만나자.

7 A: Do you remember when my birthday is?
A: 너 내 생일이 언제인지 기억하니?

  B: Yes. It's next Wednesday, right?
  B: 응. 다음 주 수요일이야, 맞지?

8 A: What does he look like?
A: 그는 어떻게 생겼니?

  B: He has big eyes.
  B: 그는 큰 눈을 가지고 있어.

9 A: How may I help you?
A: 어떻게 도와드릴까요?

  B: I'm looking for erasers.
  B: 전 지우개를 찾고 있어요.

10 A: What is the matter?
A: 무슨 문제가 있니?

  B: I think I lost my bicycle.
  B: 내 자전거를 잃어버린 것 같아.

06회 4학년 영어듣기 모의고사 정답과 해석

본문 68~77쪽

학습예정일	월 일	실제학습일	월 일	부모님확인란	점수

정답과 단어	듣기대본	우리말 해석

1 정답 ②

cat 고양이
duck 오리
elephant 코끼리
bear 곰

① M : cat
② M : duck
③ M : elephant
④ M : bear

① 남자: 고양이
② 남자: 오리
③ 남자: 코끼리
④ 남자: 곰

2 정답 ③

weather 날씨
outside 밖에
very 아주, 매우
hot 더운, 뜨거운
beach 바닷가
idea 생각

G : How's the weather outside?
B : It's very hot.
G : Let's go to the beach!
B : OK! That's a good idea!

소녀: 밖에 날씨 어때?
소년: 아주 더워.
소녀: 바닷가에 가자!
소년: 그래! 그거 좋은 생각인데!

● 듣기실력쑥 정답 ③

3 정답 ④

whose 누구의
pencil 연필
how many 몇 개
have 가지고 있다
how much 얼마

① B : How old are you?
② B : Whose pencil is it?
③ B : How many pencils do you have?
④ B : How much is it?

① 소년: 몇 살입니까?
② 소년: 그것은 누구의 연필입니까?
③ 소년: 당신은 연필 몇 자루를 가지고 있습니까?
④ 소년: 얼마입니까?

● 듣기실력쑥 정답 How many

pencil ▶

4 정답 ④

snow 눈이 내리다
your 너의
jacket 재킷
can ~할 수 있다
swim 수영하다
How do you do?
처음 뵙겠습니다.

① B : How's the weather?
　G : It's snowing.
② B : Is this your jacket?
　G : No, it isn't.
③ B : Can you swim?
　G : No, I can't.
④ B : How do you do?
　G : How do you do?

① 소년: 날씨가 어때요?
　소녀: 눈이 오고 있습니다.
② 소년: 이것은 당신의 재킷입니까?
　소녀: 아닙니다.
③ 소년: 수영을 할 수 있나요?
　소녀: 아니요, 못합니다.
④ 소년: 처음 뵙겠습니다.
　소녀: 처음 뵙겠습니다.

5 정답 ③

younger brother
　남동생
now 지금
years old ~살, ~세

G : Who's this?
B : He is my younger brother.
G : How old is he now?
B : He is seven years old.

소녀: 이 사람 누구니?
소년: 내 남동생이야.
소녀: 그는 지금 몇 살이니?
소년: 그는 7살이야.

● 듣기실력쑥 정답
　1. 9　2. 7　3. 11

6 정답 ③

wash one's face
    세수하다
brush one's teeth
    양치질하다
bread with jam
    잼 바른 빵
every day   매일

● 듣기실력쑥 정답 ③

B : This is my day. I get up at seven o'clock. I wash my face and brush my teeth at seven ten. I eat bread with jam and drink milk by seven fifty. I go to school at eight o'clock.

소년: 이것은 나의 하루입니다. 나는 7시에 일어납니다. 나는 세수와 양치질을 7시 10분에 합니다. 나는 7시 50분까지 잼을 바른 빵을 먹고 우유를 마십니다. 나는 8시에 학교에 갑니다.

7 정답 ②

rain   비가 오다
know   알다
trip   여행
news   소식, 뉴스

● 듣기실력쑥 정답
1. 친구들과 여행가기
2. 맑다 / 화창하다

G : It's raining outside.
B : Yes, I know.
G : Can we go on our trip tomorrow?
B : Don't worry. Tomorrow will be a fine day.
G : That's good news!

소녀: 밖에 비가 오고 있어.
소년: 응, 나도 알아.
소녀: 우리 내일 여행 갈 수 있을까?
소년: 걱정 마. 내일은 화창한 날일 거야.
소녀: 그거 좋은 소식이구나!

8 정답 ①

frog   개구리
swim   수영하다
doctor   의사

● 듣기실력쑥 정답
① She has a bag in her hand.
② He is playing the guitar.

①G : What do you have in your hands?
  B : I have a frog.
②G : What are you doing?
  B : I'm swimming.
③G : Are you a doctor?
  B : Yes, I am.
④G : Is she your sister?
  B : Yes, she is.

① 소녀: 네 손 안에 무엇을 가지고 있니?
  소년: 나는 개구리를 가지고 있어.
② 소녀: 너는 무엇을 하고 있니?
  소년: 나는 수영을 하고 있어.
③ 소녀: 너는 의사니?
  소년: 응, 맞아.
④ 소녀: 그녀는 네 여동생이니?
  소년: 응, 맞아.

9 정답 ③

o'clock   ~시
watch   시청하다, 보다

● 듣기실력쑥 정답 ① 7시 10분
② 12시

①G : Good night!
  M: Good night!
②G : What is this?
  M: It's a dog.
③G : What time is it?
  M: It's seven o'clock.
④G : Do you watch TV?
  M: Yes, I do.

① 소녀: 안녕히 주무세요!
  남자: 잘 자렴!
② 소녀: 이것은 무엇입니까?
  남자: 그것은 개야.
③ 소녀: 몇 시입니까?
  남자: 7시야.
④ 소녀: 당신은 텔레비전을 시청하시나요?
  남자: 응, 그렇단다.

10 정답 ②

tired   피곤한
What's wrong?
    무슨 일이니?
couldn't   ~할 수 없었다
last night   어젯밤
math   수학
until   ~까지
midnight   자정, 한밤중

● 듣기실력쑥 정답
1. I went to the park.
2. She could swim.
3. They did their homework.

G : I'm tired.
B : What's wrong?
G : I couldn't sleep well last night.
B : What did you do?
G : I did math homework until midnight.

소녀: 난 피곤해.
소년: 무슨 일이니?
소녀: 어젯밤에 잠을 잘 못 잤어.
소년: 너는 뭐 했는데?
소녀: 나는 자정까지 수학 숙제를 했거든.

◀ tired

math ▶

11 정답 ④

look for ~을 찾다
red 빨간(색)
beautiful 아름다운
dollar 달러

● 듣기실력쑥 정답 ③

M: May I help you?
G: Yes, I'm looking for my mom's birthday present.
M: Okay, how about this red hat?
G: It's beautiful. How much is it?
M: It's twenty dollars.

남자: 도와 드릴까요?
소녀: 네, 엄마 생신 선물을 찾고 있습니다.
남자: 그래요, 이 빨간색 모자는 어떠세요?
소녀: 예쁘네요. 얼마예요?
남자: 20달러입니다.

◀ dollar

12 정답 ④

late 늦은
talk 말하다
Saturday 토요일

B : What time is it now?
W: It's 9:10.
B : Oh, no! I'm late for school.
W: What are you talking about? Today is Saturday.

소년: 지금 몇 시예요?
여자: 9시 10분이란다.
소년: 오, 이런! 전 학교에 늦었어요.
여자: 무슨 말을 하는 거니? 오늘은 토요일이란다.

13 정답 ①

See you later.
나중에 보자.
So long.
안녕히 계세요, 잘 가.

● 듣기실력쑥 정답 ②

B : See you later!
G : So long!

소년: 나중에 보자!
소녀: 잘 가!

14 정답 ③

new 새로운
bike 자전거
buy 사다 (buy–bought–bought)
yesterday 어제

B : Is this your new bike?
G : Yes, it is.
B : When did you buy it?
G : My father bought it for me yesterday.
B : It looks great!
G : Thanks, I like it very much. I am so happy.

소년: 이것이 너의 새 자전거니?
소녀: 응, 맞아.
소년: 언제 샀니?
소녀: 어제 우리 아빠가 나를 위해 사주셨어.
소년: 좋아 보인다!
소녀: 고마워. 난 그게 아주 좋아. 나는 매우 행복해.

◀ bike

15 정답 ③

borrow 빌리다
library 도서관
make 만들다
sure 물론

● 듣기실력쑥 정답 ④

B : Excuse me, I want to borrow some books.
W: Okay, do you have a library card?
B : No, I don't. Can I make one now?
W: Sure. What's your name?
B : I'm Steve.

소년: 실례합니다. 책을 몇 권 빌리고 싶은데요.
여자: 네, 도서관 카드가 있나요?
소년: 아니요, 없습니다. 지금 하나 만들 수 있나요?
여자: 물론입니다. 이름이 무엇입니까?
소년: 저는 Steve입니다.

16 정답 ②

want 원하다
just 그저, 단지, 딱
delicious 맛있는

G : Excuse me, sir. I want oranges.
M: How many do you want?
G : I just want five oranges.
M: What about some delicious apples?
G : I don't like apples.
M: Okay. Here you are. That's 5,000 won.

소녀: 실례합니다. 저는 오렌지를 원해요.
남자: 몇 개나 원하시나요?
소녀: 저는 그저 오렌지 다섯 개를 원해요.
남자: 맛있는 사과는 어떠세요?
소녀: 저는 사과를 좋아하지 않아요.
남자: 알겠습니다. 여기 있습니다. 5,000원이에요.

17 정답 ④

yesterday 어제
went 갔었다 (go의 과거형)
see a movie 영화를 보다
exciting 흥미로운
funny 웃기는, 재미있는

● 듣기실력쑥 정답
 I went shopping

G : Andy, what did you do yesterday?
B : I went to see a movie with my brother.
G : Was the movie exciting?
B : Yes, it was really funny.
G : _____

① I want to see the movie, too
② You had a fun day.
③ You enjoyed the movie.
④ You had a terrible day.

◀ see a movie

소녀: Andy, 너 어제 뭐했니?
소년: 난 남동생이랑 영화 보러 갔었어.
소녀: 그 영화 흥미로웠니?
소년: 응, 그거 정말로 웃겼어.
소녀: _____

① 나도 그 영화 보고 싶어.
② 넌 즐거운 하루를 보냈구나.
③ 넌 영화를 즐겼구나.
④ 넌 끔찍한 하루를 보냈구나.

18 정답 ①

on Sundays 일요일 마다
soccer 축구
friend 친구

B : What do you do on Sundays?
G : I play soccer with my friends.
B : That sounds fun!
G : How about you?
B : _____

① I go to church.
② I can play soccer.
③ I met my friends.
④ I don't have any money.

소년: 일요일마다 넌 뭐하니?
소녀: 나는 친구들이랑 축구해.
소년: 재미있겠다!
소녀: 너는 어때?
소년: _____

① 난 교회에 가.
② 난 축구를 할 수 있어.
③ 난 친구들을 만났어.
④ 난 돈이 하나도 없어.

19 정답 ③

jacket 재킷
cold 추운
outside 밖에
windy 바람이 부는
bedroom 침실
really 정말로

● 듣기실력쑥 정답 on

G : Where is my jacket?
B : Why? Is it cold outside?
G : Yes, it's windy outside.
B : I saw your jacket in your bedroom.
G : _____

① No problem.
② Don't worry.
③ Really? Thank you.
④ I'm sorry.

소녀: 내 재킷 어디 있지?
소년: 왜? 밖에 춥니?
소녀: 응, 밖에 바람이 불어.
소년: 너의 재킷을 네 침실에서 봤어.
소녀: _____

① 문제없어.
② 걱정 마.
③ 정말? 고마워.
④ 미안해.

20 정답 ③

doctor 의사
want 원하다
vet 수의사
why 왜
hospital 병원
zoo 동물원
sick 아픈
animal 동물

● 듣기실력쑥 정답
 Mina: 간호사
 Tom: 비행기 조종사

B : What does your father do?
G : He is a doctor.
B : What do you want to be?
G : I want to be a vet.
B : Why do you want to be a vet?
G : _____

① Because I want to go to the hospital.
② Because I want to go to the zoo.
③ Because I want to help sick animals.
④ Because I am sick.

doctor ▶

소년: 너의 아버지는 뭐 하시는 분이니?
소녀: 그는 의사야.
소년: 너는 뭐가 되고 싶니?
소녀: 나는 수의사가 되고 싶어.
소년: 왜 수의사가 되고 싶어?
소녀: _____

① 왜냐하면 나는 병원에 가고 싶거든.
② 왜냐하면 나는 동물원에 가고 싶거든.
③ 왜냐하면 나는 아픈 동물들을 도와주고 싶거든.
④ 왜냐하면 나는 아프기 때문이야.

step2 낱말받아쓰기 정답 본문 78쪽

복습합시다!

학습 예정일	/	실제 학습일	/	부모님 확인란		맞은 개수	

1 look / look at
보다 / ~을 보다

2 there / there are
거기에 / ~들이 있다

3 how / How do you do?
어떻게 / 처음 뵙겠습니다.

4 good / good to meet
좋은 / 만나서 기쁜

5 brush / brush one's teeth
솔질하다 / 양치질하다

6 old / years old
나이가 ~인, 늙은 / ~세, ~살

7 trip / go on a trip
여행 / 여행을 떠나다

8 take / take the red hat
가지다 / 그 빨간 모자를 사다

9 so / So long.
너무 / 잘 가.

10 movie / watch a movie
영화 / 영화를 보다

11 terrible / have a terrible day
끔찍한 / 끔찍한 날이다

12 Sunday / every Sunday
일요일 / 매주 일요일

13 worry / Don't worry.
걱정하다 / 걱정하지 마라.

14 want / want to be
원하다 / ~되고 싶다

15 sound / Sounds good.
(~하게) 들리다 / 재미있겠다.

step3 통문장받아쓰기 정답 본문 79쪽

복습합시다!

학습 예정일	/	실제 학습일	/	부모님 확인란		맞은 개수	

1 A: How old is your brother?
A: 너의 남동생은 몇 살이니?

B: He is seven years old.
B: 그는 7살이야.

2 A: Can we go on our trip tomorrow?
A: 우리 내일 여행 갈 수 있을까?

B: Don't worry.
B: 걱정 마.

3 A: You look tired. What's wrong?
A: 너 피곤해 보인다. 무슨 일이니?

B: I couldn't sleep well last night.
B: 어젯밤에 잠을 잘 못 잤어.

4 A: What do you do on Sundays?
A: 너는 매주 일요일에 무엇을 하니?

B: I play soccer with my friends.
B: 나는 친구들과 축구를 해.

5 A: What do you want to be?
A: 너는 무엇이 되고 싶니?

B: I want to be a nurse.
B: 나는 간호사가 되고 싶어.

6 A: What did you do yesterday?
A: 너는 어제 뭐 했어?

B: I went to see a movie.
B: 난 영화 보러 갔어.

7 A: You should brush your teeth.
A: 너는 이를 닦아야 해.

B: Yes, I know.
B: 네, 알아요.

8 A: See you later!
A: 나중에 봐!

B: So long!
B: 잘 가!

9 A: Oh, no! I'm late for school.
A: 오, 이런! 난 학교에 늦었어.

B: What are you talking about? Today is Sunday.
B: 무슨 소릴 하는 거니? 오늘은 일요일이야.

10 A: What does your father do?
A: 너의 아버지는 뭐 하시는 분이니?

B: He is a doctor.
B: 그는 의사야.

4학년 영어듣기 모의고사 정답과 해석

07회

본문 80~89쪽

학습예정일	월 일	실제학습일	월 일	부모님확인란	점수

정답과 단어

1 정답 ④

picture 그림
photo 사진
newspaper 신문

● 듣기실력쑥 정답
① newspaper ② pencil
case ③ desk ④ bookshelf
또는 bookcase

듣기대본

① M : book
② M : picture
③ M : photo
④ M : newspaper

우리말 해석

① 남자: 책
② 남자: 그림
③ 남자: 사진
④ 남자: 신문

---

2 정답 ②

police officer
경찰관
doctor 의사
banker 은행원

● 듣기실력쑥 정답
① dentist ② pilot
③ firefighter ④ nurse

듣기대본

① W : police officer
② W : doctor
③ W : teacher
④ W : banker

우리말 해석

① 여자: 경찰관
② 여자: 의사
③ 여자: 선생님
④ 여자: 은행원

---

3 정답 ③

birthday 생일
open 열다
now 지금

● 듣기실력쑥 정답 for. thank

듣기대본

M: Happy birthday, Jenny!
G : Thank you, Dad!
M: This is for you.
G : Wow! Can I open it now?

우리말 해석

남자: 생일 축하한다, Jenny야!
소녀: 고마워요, 아빠!
남자: 이것은 널 위한 거란다.
소녀: 왜! 그거 지금 열어 봐도 돼요?

---

4 정답 ①

pencil case 필통
notebook 공책
mirror 거울
heavy 무거운
storybook 이야기책

듣기대본

B : Mina, what do you have in your bag?
G : I have a pencil case, notebooks, and a mirror in my bag.
B : Your bag looks heavy.
G : Tom, what do you have in your bag?
B : I have a storybook in my bag.

우리말 해석

소년: 미나야, 네 가방 안에 무엇이 들어 있니?
소녀: 내 가방 안에는 필통, 공책들 그리고 거울이 들어 있어.
소년: 네 가방은 무거워 보인다.
소녀: Tom, 네 가방 안에는 무엇이 들어있니?
소년: 내 가방 안에는 이야기책 한 권이 들어 있어.

---

5 정답 ①

take care of ~를 돌보다
younger sister
여동생

● 듣기실력쑥 정답 Mina.
seven. play the piano

듣기대본

B : What are you doing?
G : I'm taking care of my younger sister.
B : How old is she?
G : She is three years old.

우리말 해석

소년: 너 뭐하고 있니?
소녀: 난 내 여동생을 돌봐주고 있어.
소년: 그녀는 몇 살이니?
소녀: 그녀는 세 살이야.

---

6 정답 ④

drink　마시다
board game　보드게임
water　물, (꽃, 식물에) 물을 주다
flower　꽃

● 듣기실력쑥 정답 playing, speaking, doing, eating, drinking, sitting, swimming

① B : They are reading a book.
② B : They are <u>drinking</u> water.
③ B : They are playing board games.
④ B : They are <u>watering</u> flowers.

① 소년: 그들은 책을 읽고 있습니다.
② 소년: 그들은 물을 마시고 있습니다.
③ 소년: 그들은 보드게임을 하고 있습니다.
④ 소년: 그들은 꽃에 물을 주고 있습니다.

◀ drink

7 정답 ②

weather　날씨
how much　얼마

① G : What's that?
② G : <u>Are</u> you <u>okay</u>?
③ G : How's the weather?
④ G : How much is it?

① 소녀: 저게 뭐야?
② 소녀: 너 괜찮니?
③ 소녀: 날씨가 어때?
④ 소녀: 이것은 얼마예요?

8 정답 ③

take a lesson　수업을 받다
start　시작하다

● 듣기실력쑥 정답 ④

B : Where are you going, Mina?
G : I'm going to take a piano lesson.
B : What time does the lesson <u>start</u>?
G : It starts at <u>six thirty</u>.

소년: 미나야, 너 어디 가고 있니?
소녀: 나는 피아노 수업을 받으러 가고 있어.
소년: 수업은 몇 시에 시작하니?
소녀: 6시 30분에 시작해.

9 정답 ②

uncle　삼촌
wear　끼다, 입다
glasses　안경

① G : Who is he? He's very tall.
　 B : He's my grandpa.
② G : Who is he? He's <u>wearing glasses</u>.
　 B : He's my uncle.
③ G : Who is she? She's very <u>pretty</u>.
　 B : She's my sister.
④ G : Who is she? She's wearing a dress.
　 B : She's my mom.

① 소녀: 그는 누구야? 그분은 매우 키가 크다.
　 소년: 그는 나의 할아버지셔.
② 소녀: 그는 누구야? 그분은 안경을 끼고 있네.
　 소년: 그는 나의 삼촌이야.
③ 소녀: 그녀는 누구야? 그녀는 매우 예쁘다.
　 소년: 그녀는 나의 누나야.
④ 소녀: 그녀는 누구야? 그녀는 드레스를 입고 있네.
　 소년: 그녀는 나의 엄마야.

10 정답 ①

look for　~을 찾다
yet　아직은
after　~후에

● 듣기실력쑥 정답 ②

B : Hi! Mina. What are you doing here?
G : I am <u>looking for</u> a <u>gift</u> for my <u>brother</u>.
B : Did you find anything good?
G : Not yet. Can you help me?
B : Sure. Let's have lunch together after we buy a gift.

소년: 안녕 미나야, 너 여기서 뭘 하고 있니?
소녀: 나는 남동생 줄 선물을 찾고 있어.
소년: 좋은 것 찾았니?
소녀: 아직은 아냐. 너 날 도와줄래?
소년: 물론이지. 선물 산 다음에 함께 점심 먹자.

look for ▶

11 정답 ②

bird 새
sit 앉다
on the tree 나무에
there are ~들이 있다

● 듣기실력쑥 정답
① twelve ② seven

G : Wow! Birds are sitting on the tree.
B : There are some red birds and some blue birds.
G : How many red birds are there?
B : There are nine red birds.
G : There are twelve blue birds.

소녀: 와! 새들이 나무 위에 앉아 있네.
소년: 빨간 새 몇 마리와 파란 새 몇 마리가 있구나.
소녀: 빨간 새는 몇 마리 있니?
소년: 빨간 새는 9마리가 있어.
소녀: 파란 새는 12마리가 있네.

---

12 정답 ③

baby sister (아기인) 여동생
cousin 사촌
month(s) old ~개월 된

● 듣기실력쑥 정답 ②

W: Look at this picture.
M: Who is this? Your baby sister?
W: No. That is my cousin, Sarah.
M: Really? How old is she?
W: She is only five months old.

여자: 이 사진 좀 봐.
남자: 누구야? 너의 여동생이니?
여자: 아니. 내 사촌 Sarah야.
남자: 정말? 그녀는 몇 살이야?
여자: 그녀는 이제 5개월 됐어.

---

13 정답 ①

mess 지저분, 어질러진 것
beautiful 아름다운
delicious 맛있는
wonderful 훌륭한, 놀랄만한

● 듣기실력쑥 정답 a pretty girl, pretty the girl

① W : What a mess!
② W : What a beautiful house it is!
③ W : How wonderful it is!
④ W : How delicious it is!

① 여자: 정말 지저분하구나!
② 여자: 정말 아름다운 집이구나!
③ 여자: 정말 훌륭하구나!
④ 여자: 정말 맛있다!

delicious ▶

---

14 정답 ③

toy 장난감
mirror 거울
vase 꽃병

● 듣기실력쑥 정답
1. are, on   2. is, in

① M : There are toys under the bed.
② M : There is a mirror in the room.
③ M : There are flowers in a vase.
④ M : There is a robot on the table.

① 남자: 침대 아래에 장난감들이 있다.
② 남자: 방 안에 거울이 있다.
③ 남자: 꽃병 안에 꽃들이 있다.
④ 남자: 탁자 위에 로봇이 있다.

---

15 정답 ③

look for ~을 찾다
paint 물감
color 색
want 원하다
altogether 모두, 통틀어

● 듣기실력쑥 정답
A: 빨간 원피스와 파란 원피스 모두 얼마입니까?
B: 모두 합해 60달러입니다.

M: Hello! May I help you?
G : Hi, I'm looking for paint.
M: What color do you want?
G : I want red and blue. How much are they altogether?
M: They are twenty dollars.

남자: 안녕하세요, 무엇을 도와드릴까요?
소녀: 안녕하세요, 물감을 찾고 있습니다.
남자: 무슨 색을 원하십니까?
소녀: 빨간색과 파란색이요. 그것들은 모두 얼마입니까?
남자: 그것들은 20달러입니다.

---

16 정답 ①

hobby 취미
baseball 야구
player 운동선수
basketball 농구
favorite 가장 좋아하는
subject 과목
science 과학

① G : What's your hobby?
　 B : My hobby is playing baseball.
② G : What do you do?
　 B : I am a soccer player.
③ G : Do you like playing basketball?
　 B : Yes, I do.
④ G : What is your favorite subject?
　 B : I like science.

① 소녀: 네 취미가 뭐니?
　 소년: 내 취미는 야구 하는 거야.
② 소녀: 네 직업이 뭐니?
　 소년: 나는 축구 선수야.
③ 소녀: 너 농구 하는 거 좋아하니?
　 소년: 응, 좋아해.
④ 소녀: 네가 가장 좋아하는 과목이 뭐니?
　 소년: 나는 과학을 좋아해.

17 정답 ①

insect 곤충, 벌레
wing 날개
leg 다리
fly 날다
sip 빨아 마시다

● 듣기실력쑥 정답
A : color B : color, green

G : This is my favorite insect. It has large wings and six legs. It likes to fly. It sips flowers.

소녀: 이것은 내가 가장 좋아하는 곤충입니다. 그것은 큰 날개들과 여섯 개의 다리들을 가지고 있습니다. 그것은 날아다니는 것을 좋아합니다. 그것은 꽃을 빨아 마십니다.

18 정답 ②

summer vacation 여름 방학
come up 다가오다
plan 계획
go swimming 수영하러 가다
know 알다
busy 바쁜
would love to ~하고 싶다

● 듣기실력쑥 정답 ①

B : Summer vacation is coming up.
G : Yes! Do you have any plans?
B : I will go swimming. How about you?
G : I don't know. My parents are busy.
B : Do you want to go swimming with me?
G : _____

① Yes, I like summer.
② Yes, I'd love to go.
③ Yes, I am.
④ Yes, I can skate.

소년: 여름 방학이 다가오고 있어.
소녀: 그래! 너 무슨 계획 있니?
소년: 난 수영하러 갈 거야. 너는?
소녀: 몰라. 우리 부모님은 바쁘셔.
소년: 너 나랑 수영하러 가고 싶니?
소녀: _____

① 응, 난 여름을 좋아해.
② 응, 가고 싶어.
③ 응, 그래.
④ 응, 난 스케이트 탈 줄 알아.

19 정답 ④

How's it going? 어떻게 지내니?
really 정말로

M: How's it going?
W: _____

① Thank you.
② Sorry.
③ Really?
④ Fine.

남자: 어떻게 지내?
여자: _____

① 고마워.
② 미안해.
③ 정말?
④ 잘 지내.

20 정답 ①

park 공원
close 닫다
clean 깨끗한

● 듣기실력쑥 정답
문 여는 시간 9:30
문 닫는 시간 6:00

B : Excuse me, what time does the park close today?
W: _____

① The park closes at five today.
② Great. Thank you.
③ Sure, no problem.
④ The park is clean.

소년: 실례합니다만, 공원은 오늘 몇 시에 닫나요?
여자: _____

① 공원은 오늘 5시에 닫습니다.
② 좋네요. 감사합니다.
③ 물론입니다. 문제없어요.
④ 공원은 깨끗합니다.

step2 낱말받아쓰기 정답 본문 90쪽   복습합시다!

학습 예정일	/	실제 학습일	/	부모님 확인란		맞은 개수	

1 picture / take a picture
사진, 그림 / 사진을 찍다

2 birthday / Happy birthday.
생일 / 생일 축하해.

3 have / have to
가지다 / ~해야 한다

4 care / take care of
돌봄, 보살핌 / ~을 돌보다

5 after / after school
~후에 / 방과 후

6 at / at seven o'clock
~에 / 7시에

7 water / water the garden
물, 물주다 / 정원에 물주다

8 come / come up
오다 / 다가오다

9 go / go on
가다 / 계속하다, (사건이) 일어나다

10 look / look like
보이다, 보다 / 닮았다, ~같다

11 play / play a board game
~하다 / 보드게임을 하다

12 help / Help yourself.
돕다 / 마음껏 드세요.

13 much / How much ~?
많은 / 얼마예요?

14 go / go swimming
가다 / 수영하러 가다

15 in / in the morning
~안에 / 아침에

step3 통문장받아쓰기 정답 본문 91쪽   복습합시다!

학습 예정일	/	실제 학습일	/	부모님 확인란		맞은 개수	

1 A: Happy birthday, Mina!
A: 생일 축하해, 미나야!
B: Thank you, Mom!
B: 고마워요, 엄마!

2 A: What do you have in your bag?
A: 너 가방에 뭘 가지고 있니?
B: I have a pencil case and notebooks in my bag.
B: 난 가방에 필통과 공책들이 있어.

3 A: What are you doing?
A: 넌 무엇을 하고 있니?
B: I'm taking care of my younger sister.
B: 난 여동생을 돌보고 있어.

4 A: What time does the lesson start?
A: 수업은 몇 시에 시작하니?
B: It starts at six thirty.
B: 그건 6시 30분에 시작해.

5 A: How many red birds are there?
A: 빨간 새가 몇 마리 있니?
B: There are nine red birds.
B: 빨간 새 9마리가 있어.

6 A: What is your hobby?
A: 네 취미가 뭐니?
B: My hobby is playing soccer.
B: 내 취미는 축구 하는 거야.

7 A: What color do you want?
A: 무슨 색을 원하세요?
B: I want red and yellow.
B: 난 빨강과 노랑을 원해요.

8 A: Look at this picture.
A: 이 사진을 봐.
B: Who is this?
B: 누구야?

9 A: How's it going?
A: 어떻게 지내?
B: Not bad.
B: 나쁘지 않아.

10 A: Why are you excited?
A: 넌 왜 신나는 거니?
B: Because summer vacation is coming up.
B: 왜냐하면 여름 방학이 다가오고 있으니까.

08회 4학년 영어듣기 모의고사 정답과 해석

본문 92~101쪽

학습예정일	월 일	실제학습일	월 일	부모님확인란	점수

정답과 단어	듣기대본	우리말 해석

1 정답 ③

north 북쪽(의)
month 달, 개월

① W : music
② W : movie
③ W : north
④ W : month

① 여자: 음악
② 여자: 영화
③ 여자: 북쪽(의)
④ 여자: 달, 개월

2 정답 ①

noisy 시끄러운
quiet 조용한

● 듣기실력쑥 정답 quiet

① M : noisy
② M : quiet
③ M : bright
④ M : famous

① 남자: 시끄러운
② 남자: 조용한
③ 남자: 밝은
④ 남자: 유명한

3 정답 ②

scary 무서운
give 주다
Go ahead. 그렇게 하렴.

● 듣기실력쑥 정답 ③

G : Dad, look at that! The lion looks scary.
M: Yes, it does. Look, there's a monkey, too.
G : Can I give this banana to him?
M: Sure. Go ahead.

소녀: 아빠, 저것을 좀 보세요! 사자가 무서워 보여요.
남자: 그렇구나. 봐봐, 저기 원숭이도 있어.
소녀: 이 바나나를 그에게 줘도 될까요?
남자: 물론이지. 그렇게 하렴.

4 정답 ②

How about ~?
~은 어때?

● 듣기실력쑥 정답 ④

B : I'm hungry. Let's eat some sandwiches,
Julie.
G : Well, I don't like sandwiches.
B : Then how about some chicken? I like
chicken.
G : Oh, that sounds good. I like it, too.

소년: 나 배고파. Julie야, 샌드위치를 먹자.
소녀: 음, 난 샌드위치를 좋아하지 않아.
소년: 그렇다면, 치킨은 어떠니? 난 치킨을 좋아하거든.
소녀: 오, 좋은 생각이야. 나도 그것을 좋아해.

5 정답 ③

make 만들다
cake 케이크
cookie 쿠키

● 듣기실력쑥 정답
① make
② can sing

B : Hannah, can you make a cake?
G : No, but I can make cookies.
B : Really? Then, can you help me make
cookies for my sister?
G : Sure, I can help you.

소년: Hannah, 케이크를 만들 줄 아니?
소녀: 아니, 하지만 난 쿠키를 만들 줄 알아.
소년: 정말? 그러면, 여동생을 위해 쿠키 만드는 것을
도와줄 수 있니?
소녀: 물론, 도와줄 수 있어.

6 정답 ④

excited 신이 난
guess 추측하다
ski camp 스키 캠프
be good at ~을 잘하다
love 매우 좋아하다

● 듣기실력쑥 정답 ①

G : You look very excited. What is it?
B : Guess what! I'm going on a ski camp
tomorrow.
G : A ski camp? Wow, are you good at skiing?
B : Yes. I love skiing.

소녀: 너 매우 신나 보인다. 무슨 일이야?
소년: 맞춰 봐! 난 내일 스키 캠프에 가.
소녀: 스키 캠프? 와, 너 스키 잘 타니?
소년: 응. 난 스키 타는 것을 매우 좋아해.

excited ▶

7 정답 ②

rain   비가 내리다
right now   지금은
soon   금방, 곧

● 듣기실력쑥 정답 ②

W : Where are you going, Tom?
B : I'm going out to play basketball.
W : Basketball? But it's <u>raining</u> right <u>now</u>.
B : It's Okay. I think it will be sunny soon.

여자: Tom, 어딜 가니?
소년: 저는 농구하러 밖에 나가요.
여자: 농구? 하지만 지금은 비가 내리고 있는데.
소년: 괜찮아요. 금방 화창해질 것 같아요.

8 정답 ③

It's ~ speaking.
    (전화상에서) ~입
    니다.
museum   박물관
then   그러면, 그때
meet   만나다
afternoon   오후

● 듣기실력쑥 정답 ④

(Telephone rings.)
B : Hello? Thomas speaking.
G : Hi Thomas, it's Sally. I'm going to the museum this Saturday. Do you want to join me?
B : Sure. But I'm going to watch a movie Saturday morning.
G : Then, how about <u>meeting</u> at <u>three</u> in the <u>afternoon</u>?
B : Good. See you then!

(전화벨이 울린다.)
소년: 여보세요? Thomas입니다.
소녀: 안녕 Thomas, 나 Sally야. 나 이번 주 토요일에 박물관에 가. 너도 나와 함께 할래?
소년: 그래. 그런데 나는 토요일 아침에 영화를 볼 거야.
소녀: 그러면, 오후 3시에 만나는 게 어떠니?
소년: 좋아. 그때 봐!

9 정답 ③

sleepy   졸린
tired   피곤한
last night   어젯밤
movie   영화

● 듣기실력쑥 정답 ①

G : You look sleepy today.
B : Yes, I am. I'm very tired right now.
G : What did you do last night? Didn't you sleep?
B : No, I didn't. I <u>watched</u> three <u>movies</u> on TV.

소녀: 너 오늘 졸려 보인다.
소년: 응, 맞아. 나 지금 매우 피곤해.
소녀: 어젯밤에 무엇을 했니? 잠을 자지 않았니?
소년: 안 잤어. TV로 영화 세 편을 봤거든.

◀ sleepy

10 정답 ④

late   늦은
class   수업
sleep in   늦잠 자다
promise   약속하다

● 듣기실력쑥 정답 ③

M : Why were you so late for class today, Kate? Did you sleep in?
G : I'm very sorry Mr. Kim, but the <u>bus</u> was <u>late</u>.
M : I see. Well, don't be late next time.
G : Okay, I promise.

남자: Kate, 오늘 수업에 왜 이렇게 늦었니? 늦잠 잤니?
소녀: 정말 죄송해요 김 선생님, 하지만 버스가 늦게 왔어요.
남자: 그렇구나. 다음번엔 늦지 말거라.
소녀: 네, 약속 드릴게요.

11 정답 ②

look for   ~을 찾다
robot   로봇
only   ~밖에, 오직
Not bad.   나쁘지 않아요.
soccer ball   축구공

● 듣기실력쑥 정답 ②

M : How can I help you?
G : I'm looking for a present for my brother.
M : How about this <u>robot</u>? It's only <u>five</u> dollars.
G : Not bad. Oh, how much is this <u>soccer ball</u>?
M : It's <u>nine</u> dollars.

남자: 무엇을 도와드릴까요?
소녀: 남동생을 위한 선물을 찾고 있어요.
남자: 이 로봇은 어떤가요? 5달러밖에 안 합니다.
소녀: 나쁘지 않네요. 아, 이 축구공은 얼마인가요?
남자: 9달러입니다.

12 정답 ①

notebook   공책
mine   내 것
cover   표지
yours   네 것

● 듣기실력쑥 정답 ③

B : What are you doing, Nami?
G : I am looking for my <u>notebook</u>. Can you help me?
B : Sure. (pause) Is this yours?
G : No, it's not. <u>Mine</u> has <u>two</u> big <u>flowers</u> on the cover.

소년: 나미야, 뭘 하고 있니?
소녀: 나는 내 공책을 찾고 있어. 나를 도와줄래?
소년: 물론이지. (잠시 후) 이것이 네 것이니?
소녀: 아니야. 내 것은 표지에 큰 꽃이 두 개 있어.

13 정답 ②

wish ~ good luck
　　행운을 빌다
do better 더 잘하다
park 주차하다

● 듣기실력쑥 정답 ④

① W : I wish you good luck!
② W : Cheer up. You'll do better next time.
③ W : Excuse me, but you can't park here.
④ W : How do you do?

① 여자: 행운을 빌어!
② 여자: 기운 내. 다음번에 더 잘할 거야.
③ 여자: 죄송하지만, 여기 주차할 수 없어요.
④ 여자: 처음 뵙겠습니다.

14 정답 ④

buy 사다
pineapple 파인애플

● 듣기실력쑥 정답
want. five. apples

① G : I want to buy two bananas and four oranges.
② G : I want to buy four bananas and five oranges.
③ G : I want to buy two pineapples and four oranges.
④ G : I want to buy four pineapples and five oranges.

① 소녀: 전 바나나 두 개와 오렌지 네 개를 사고 싶습니다.
② 소녀: 전 바나나 네 개와 오렌지 다섯 개를 사고 싶습니다.
③ 소녀: 전 파인애플 두 개와 오렌지 네 개를 사고 싶습니다.
④ 소녀: 전 파인애플 네 개와 오렌지 다섯 개를 사고 싶습니다.

15 정답 ③

concert 콘서트
bathroom 화장실
kitchen 부엌
should ~해야 한다
hurry 서두르다

● 듣기실력쑥 정답 ③

M : Sumi, are you ready to go to the concert?
G : Yes, I am. Dad, where's Tom and Mom?
M : I think Tom is in the bathroom, and your mother is in the kitchen.
G : But we should hurry!

남자: 수미야, 콘서트에 갈 준비가 다 되었니?
소녀: 네. 아빠, Tom과 엄마는 어디에 있죠?
남자: 내 생각엔 Tom은 화장실에 있고, 네 엄마는 부엌에 있는 것 같구나.
소녀: 하지만 우린 서둘러야 해요!

16 정답 ④

put 놓다
stay home 집에 머무르다
worried 걱정스러운
get better (몸이) 나아지다

● 듣기실력쑥 정답 ①

① B : Where did you put my jacket?
　 G : I put it on the bed.
② B : How much are those flowers?
　 G : They are ten dollars.
③ B : What did you do last weekend?
　 G : I was sick, so I stayed home.
④ B : I was very worried. Are you okay?
　 G : I got a lot better. Thanks for coming.

① 소년: 내 외투를 어디에 놓았니?
　소녀: 침대 위에 놓았어.
② 소년: 저 꽃들은 얼마야?
　소녀: 10달러야.
③ 소년: 지난 주말에 무엇을 했니?
　소녀: 난 아파서, 집에 있었어.
④ 소년: 많이 걱정했어. 괜찮니?
　소녀: 많이 나아졌어. 와 줘서 고마워.

17 정답 ①

wrong 잘못된
number (전화) 번호

● 듣기실력쑥 정답 556-7982

(Telephone rings.)
G : Hello, may I speak to Minho?
B : I think you have the wrong number.
G : Is this 556-7892?
B : No, it's 556-7982.
G : Oh, I am so sorry.

(전화벨이 울린다.)
소녀: 여보세요, 민호와 통화할 수 있을까요?
소년: 잘못 거신 것 같습니다.
소녀: 556-7892번 아닌가요?
소년: 아니요, 556-7982입니다.
소녀: 아, 정말 죄송해요.

18 정답 ④

work 일하다
farm 농장
cook 요리사

● 듣기실력쑥 정답 ②

B : Sally, what does your father do?
G : He is a teacher. What about your father, Jeff?
B : _____

① He is a doctor.
② My dad works on a farm.
③ He is a great cook.
④ He likes me very much.

소년: Sally야, 너희 아버지는 무엇을 하시니?
소녀: 그는 선생님이셔. 너희 아버지는, Jeff야?
소년: _____

① 그는 의사 선생님이셔.
② 나의 아버지는 농장에서 일하셔.
③ 그는 훌륭한 요리사셔.
④ 그는 나를 매우 좋아하셔.

19 정답 ②

playground 놀이터

● 듣기실력쑥 정답
여동생이나 남동생이 있는지 묻고 있다.

G : Peter, do you <u>have</u> any sisters or brothers?
B : _____

① They are at the playground.
② I <u>have</u> two sisters.
③ No, his brother is seven years old.
④ I don't know her sister's name.

소녀: Peter야, 너는 여동생이나 남동생이 있니?
소년: _____

① 그들은 놀이터에 있어.
② 난 여동생 두 명이 있어.
③ 아니, 그의 남동생은 7살이야.
④ 난 그녀의 여동생의 이름을 몰라.

20 정답 ④

interesting 재미있는, 흥미로운

library   도서관
picture   그림
a little bit 조금
boring   지루한

● 듣기실력쑥 정답 is reading

B : What are you doing, Susie?
G : I'm reading a book.
B : Is it <u>interesting</u>?
G : _____

① At the library.
② I have many pictures.
③ Sorry, but you can't read it.
④ No, it's a little bit boring.

소년: 수지야, 무엇을 하고 있니?
소녀: 난 책을 읽고 있어.
소년: 그것은 재미있니?
소녀: _____

① 도서관에서.
② 난 많은 그림을 갖고 있어.
③ 미안하지만, 넌 이것을 읽을 수 없어.
④ 아니, 이것은 약간 지루해.

◀ library

step2 낱말받아쓰기 정답 본문 102쪽

복습합시다!

학습 예정일	/	실제 학습일	/	부모님 확인란		맞은 개수	

1 famous / be famous for
유명한 / ~로 유명하다

2 scary / look scary
무서운 / 무서워 보이다

3 make / make it
만들다 / 성공하다, 해내다

4 good / be good at
좋은 / ~을 잘하다

5 sleep / sleep in
자다 / 늦잠 자다

6 afternoon / late afternoon
오후 / 늦은 오후

7 movie / watch a movie
영화 / 영화를 보다

8 look / look for
보다 / ~을 찾다

9 wish / wish (someone) good luck
빌다 / 행운을 빌다

10 hurry / Hurry up!
서두르다 / 서둘러!

11 better / get better
더 나은 / (몸이) 나아지다

12 thank / thank for
감사하다 / ~에 대해 감사하다

13 farm / apple farm
농장 / 사과 농장

14 sleepy / look sleepy
졸린 / 졸려 보이다

15 only / only one
오직 / 오직 하나뿐

step3 통문장받아쓰기 정답 본문 103쪽

복습합시다!

학습 예정일	/	실제 학습일	/	부모님 확인란		맞은 개수	

1 A: Can I give this banana to him?
A: 이 바나나를 그에게 줘도 될까요?

B: Sure. Go ahead.
B: 물론이지. 그렇게 하렴.

2 A: Let's eat some sandwiches.
A: 샌드위치를 좀 먹자.

B: Well, I don't like sandwiches.
B: 음, 난 샌드위치를 좋아하지 않아.

3 A: Can you make a cake?
A: 너 케이크를 만들 줄 아니?

B: No, but I can make cookies.
B: 아니, 하지만 난 쿠키를 만들 수 있어.

4 A: Are you good at skiing?
A: 너 스키 잘 타니?

B: Yes. I love skiing.
B: 응, 난 스키 타는 것을 매우 좋아해.

5 A: Where are you going?
A: 어디 가니?

B: I'm going out to play basketball.
B: 난 농구하러 밖에 나가.

6 A: What time shall we meet?
A: 우리 몇 시에 만날까?

B: How about meeting at seven in the evening?
B: 저녁 7시에 만나는 것이 어때?

7 A: What did you do last night?
A: 너 어젯밤에 무엇을 했니?

B: I watched three movies.
B: 난 영화 세 편을 봤어.

8 A: Don't be late next time.
A: 다음번엔 늦지 말거라.

B: Okay, I promise.
B: 네, 약속 드릴게요.

9 A: What's wrong?
A: 무엇이 문제니?

B: I don't know his phone number.
B: 난 그의 전화번호를 몰라.

10 A: What does your father do?
A: 너희 아버지는 무슨 일을 하시니?

B: He is a teacher.
B: 그는 선생님이셔.

08회

09회 4학년 영어듣기 모의고사 정답과 해석

본문 104~113쪽

학습예정일	월 일	실제학습일	월 일	부모님확인란	점수

정답과 단어	듣기대본	우리말 해석

1 정답 ②

smoke   연기
space   공간, 우주

● 듣기실력쑥 정답 ④

① W : stone
② W : sheep
③ W : smoke
④ W : space

① 여자: 돌
② 여자: 양
③ 여자: 연기
④ 여자: 공간, 우주

2 정답 ②

picture   그림, 사진

● 듣기실력쑥 정답 ②

G : Wow, it's a beautiful picture.
B : Yes, it is. Look at the stars.
G : There is a girl too. She's smiling.
B : You're right. She's very pretty.

소녀: 와, 아름다운 그림이다.
소년: 응, 맞아. 별들을 좀 봐.
소녀: 소녀도 있네. 그녀는 미소를 짓고 있어.
소년: 네 말이 맞아. 그녀는 매우 예쁘다.

3 정답 ④

give a hand   도와주다

① G : You're welcome.
② G : Close the door, please.
③ G : Can I have your name?
④ G : Would you give me a hand?

① 소녀: 천만에.
② 소녀: 문을 좀 닫아 줘.
③ 소녀: 네 이름을 가르쳐 줄래?
④ 소녀: 나를 좀 도와 주겠니?

4 정답 ③

hobby   취미
ride a bicycle
   자전거를 타다

Paris   파리
tennis   테니스

● 듣기실력쑥 정답 ②

① B : How old are you?
   G : I'm ten years old.
② B : What is your hobby?
   G : My hobby is riding bicycles.
③ B : Where are you from?
   G : I'm from Paris.
④ B : What are you doing?
   G : I'm playing tennis.

① 소년: 너는 몇 살이니?
   소녀: 난 10살이야.
② 소년: 너의 취미가 뭐니?
   소녀: 내 취미는 자전거 타는 거야.
③ 소년: 넌 어디에서 왔니?
   소녀: 난 파리에서 왔어.
④ 소년: 넌 무엇을 하고 있니?
   소녀: 난 테니스를 치고 있어.

5 정답 ②

finish   끝내다
hurry up   서두르다

● 듣기실력쑥 정답 ③

W : Sam, did you finish your homework?
B : Not yet, Mom.
W : Well, you should hurry up. It's nine o'clock.
B : Okay, I will do it right now.

여자: Sam, 네 숙제를 끝냈니?
소년: 아직이요, 엄마.
여자: 좀 서둘러야겠네. 9시야.
소년: 알겠어요, 지금 바로 할게요.

6 정답 ③

take a walk   산책하다
pants   바지

● 듣기실력쑥 정답 ②

B : My mom is over there. She is taking a walk.
G : Is she wearing pants?
B : No, she isn't. She's wearing a skirt.

소년: 우리 엄마가 저기 계셔. 그녀는 산책을 하고 있어.
소녀: 그녀는 바지를 입고 계시니?
소년: 아니, 그렇지 않아. 엄마는 치마를 입고 계셔.

7 정답 ④

puppy   강아지
miss   그리워하다
already   벌써, 이미

● 듣기실력쑥 정답 puppy

B : What's wrong, Jenny?
G : I lost my puppy this morning.
B : Oh no, I'm very sorry to hear that.
G : I am so sad. I miss my puppy already.

소년: Jenny야, 뭐가 문제니?
소녀: 오늘 아침에 내 강아지를 잃어버렸어.
소년: 오 저런, 정말 안됐구나.
소녀: 나는 무척 슬퍼. 내 강아지가 벌써 보고 싶어.

40 초등영어 받아쓰기 · 듣기 10회 모의고사 4학년 ❶

8 정답 ④

movie 영화
busy 바쁜
fine 괜찮은

●듣기실력쑥 정답 ③

G : Let's go see a movie on Wednesday!
B : Sounds good. But, I'm busy that day.
G : Then, how about on Friday?
B : That's fine with me. See you then.

소녀: 수요일에 영화를 보러 가자!
소년: 좋지. 하지만, 난 그날 바빠.
소녀: 그러면, 금요일은 어때?
소녀: 난 괜찮아. 그때 보자.

---

9 정답 ②

find 찾다
bedroom 침실

●듣기실력쑥 정답 ③

M : Gina! Where are you?
G : I'm right here, Dad!
M : Where? I can't find you.
G : I'm in the bedroom. I'm watching television.

남자: Gina야! 어디에 있니?
소녀: 저 여기 있어요, 아빠!
남자: 어디? 널 못 찾겠구나.
소녀: 저 침실에 있어요. TV를 보고 있거든요.

---

10 정답 ①

dinner 저녁 식사
almost 거의

●듣기실력쑥 정답 ③

B : Mom, I'm home. Oh, I'm so hungry.
W : Dinner is almost ready.
B : I'm happy to hear that!
W : But first, wash your hands.
B : Okay.

소년: 엄마, 저 집에 왔어요. 아, 너무 배가 고파요.
여자: 저녁 식사가 거의 준비됐단다.
소년: 그걸 들으니 기뻐요!
여자: 하지만 먼저, 손을 씻으렴.
소년: 네.

---

11 정답 ①

tiger 호랑이
panda 팬더

●듣기실력쑥 정답 ②

G : How many animals are there?
B : There are three tigers and five pandas.
G : Three tigers and six pandas?
B : No, three tigers and five pandas.

소녀: 몇 마리의 동물이 있니?
소년: 호랑이 세 마리와 팬더 다섯 마리가 있어.
소녀: 호랑이 세 마리와 팬더 여섯 마리?
소년: 아니, 호랑이 세 마리와 팬더 다섯 마리.

---

12 정답 ③

lose 잃어버리다
something 어떤 것
cap 모자

●듣기실력쑥 정답 ②

W : Can I help you?
B : Yes. I lost my cap.
W : What color is it?
B : It's blue. I really want to find it.

여자: 도와드릴까요?
소년: 네, 전 제 모자를 잃어버렸어요.
여자: 무슨 색이에요?
소년: 파란색이에요. 전 그것을 정말 찾고 싶어요.

---

13 정답 ②

Long time no see. 오랜만입니다.

① M : Good bye.
② M : Long time no see.
③ M : See you tomorrow.
④ M : It was nice meeting you.

① 남자: 안녕히 가세요.
② 남자: 오랜만입니다.
③ 남자: 내일 봅시다.
④ 남자: 당신을 만나서 반가웠습니다.

---

14 정답 ③

weather 날씨
sleep well 잘 자다
have to ~해야 한다

●듣기실력쑥 정답 ④

① B : How is the weather?
　G : It's sunny.
② B : Did you sleep well last night?
　G : Yes, I did.
③ B : How many pens do you have?
　G : I have to go to school.
④ B : What time is it now?
　G : It's nine thirty.

① 소년: 날씨가 어때?
　소녀: 해가 쨍쨍해.
② 소년: 어젯밤에 잘 잤니?
　소녀: 응.
③ 소년: 펜 몇 개를 가지고 있니?
　소녀: 난 학교에 가야 해.
④ 소년: 지금 몇 시니?
　소녀: 지금은 9시 30분이야.

---

15 정답 ③

wait 기다리다
watch out for ~을 조심하다
building 건물

① W : You can't go home right now!
② W : Wait for me!
③ W : Watch out for the car!
④ W : What a nice building!

① 여자: 넌 지금 집에 갈 수 없어!
② 여자: 날 기다려!
③ 여자: 차를 조심해!
④ 여자: 정말 멋진 건물이구나!

16 정답 ④

ready   준비된
order   주문하다
need   필요하다

● 듣기실력쑥 정답 ④

W: Are you ready to order?
M: Yes. I'd like some spaghetti.
W: Do you need anything to drink?
M: Oh, coke please.

여자: 주문하시겠어요?
남자: 네. 스파게티로 할게요.
여자: 마실 것도 필요하신가요?
남자: 오, 콜라로 주세요.

17 정답 ④

last year   작년
now   지금

● 듣기실력쑥 정답 ②

B : Sumi, how old are you?
G : I'm nine years old. You are ten, aren't you, Minho?
B : No, I was ten last year. I'm eleven now.
G : Oh, I see.

소년: 수미야, 너 몇 살이니?
소녀: 난 9살이야. 넌 10살이지, 그렇지 않니, 민호야?
소년: 아니, 난 작년에 10살이었어. 지금은 11살이야.
소녀: 오, 그렇구나.

18 정답 ④

beach   바닷가
grandparents   조부모님

● 듣기실력쑥 정답
   수영을 했다.

G : What did you do yesterday?
B : I went swimming.
G : Who did you go with?
B : _____

① At the beach.
② Yes, I like swimming.
③ I had a good time.
④ With my grandparents.

소녀: 너 어제 무엇을 했니?
소년: 난 수영하러 갔어.
소녀: 누구와 함께 갔니?
소년: _____

① 바닷가에서.
② 응, 난 수영을 좋아해.
③ 난 좋은 시간을 보냈어.
④ 내 조부모님과 함께.

19 정답 ②

darling   얘야
cold   감기
hospital   병원
school bus   스쿨버스

◀ school bus

W: Darling, are you okay?
B : No, I think I have a cold.
W: _____

① It's time to wake up.
② Let's go to the hospital.
③ Your school bus is here.
④ Have some ice cream.

여자: 얘야, 괜찮니?
소년: 아뇨, 감기에 걸린 것 같아요.
여자: _____

① 일어날 시간이야.
② 병원에 가자.
③ 네 스쿨버스가 왔어.
④ 아이스크림을 좀 먹으렴.

20 정답 ②

teddy bear   곰 인형
last week   지난주

● 듣기실력쑥 정답 ④

B : Mary, can you come to my sister's birthday party?
G : Sure. When is it?
B : _____

① She likes teddy bears.
② It's next Saturday, at six o'clock.
③ It was last week.
④ I'm going to make a cake.

소년: Mary야, 내 여동생의 생일 파티에 올 수 있니?
소녀: 물론이지. 언젠데?
소년: _____

① 그녀는 곰 인형을 좋아해.
② 다음 주 토요일, 6시야.
③ 그것은 지난 주였어.
④ 난 케이크를 만들 거야.

◀ teddy bear

step2 낱말받아쓰기 정답 본문 114쪽

학습 예정일	/	실제 학습일	/	부모님 확인란		맞은 개수	

1. hand / give a hand
   손, 도움(의 손길) / 도와주다

2. bicycle / ride a bicycle
   자전거 / 자전거를 타다

3. walk / take a walk
   걷다, 걷기 / 산책하다

4. movie / see a movie
   영화 / 영화를 보다

5. fine / fine day
   좋은, 괜찮은 / 좋은 날, 맑은 날

6. find / find out
   찾다 / 알아내다

7. something / something to drink
   어떤 것 / 마실 것

8. sleep / sleep well
   잠자다 / 잘 자다

9. watch out / watch out for
   조심하다 / ~을 조심하다

10. wait / wait for
    기다리다 / ~을 기다리다

11. need / need to
    필요하다 / ~할 필요가 있다

12. year / last year
    년, 해 / 작년

13. cold / catch a cold
    감기 / 감기에 걸리다

14. ready / ready for
    준비된 / ~을 위한 준비가 된

15. hurry / Hurry up.
    서두르다 / 서둘러.

step3 통문장받아쓰기 정답 본문 115쪽

학습 예정일	/	실제 학습일	/	부모님 확인란		맞은 개수	

1. A: What is your hobby?
   A: 네 취미가 뭐니?

   B: My hobby is riding bicycles.
   B: 내 취미는 자전거 타기야.

2. A: Where are you from?
   A: 넌 어디서 왔니?

   B: I'm from Paris.
   B: 난 파리에서 왔어.

3. A: Did you finish your homework?
   A: 네 숙제를 끝마쳤니?

   B: Not yet, Mom.
   B: 아직이요, 엄마.

4. A: Let's go see a movie on Wednesday!
   A: 수요일에 영화를 보러 가자!

   B: Sorry, but I'm busy that day.
   B: 미안하지만, 난 그날 바빠.

5. A: Did you lose something?
   A: 뭔가를 잃어버렸니?

   B: Yes, I lost my cap.
   B: 네, 제 모자를 잃어버렸어요.

6. A: Did you sleep well last night?
   A: 어제 잘 잤니?

   B: Yes, I did.
   B: 응, 잘 잤어.

7. A: Are you ready to order?
   A: 주문하시겠어요?

   B: Yes. I'd like some spaghetti.
   B: 네, 스파게티로 할게요.

8. A: You are ten, aren't you?
   A: 넌 10살이야, 그렇지 않니?

   B: No, I'm eleven years old.
   B: 아니, 난 11살이야.

9. A: Are you okay?
   A: 괜찮니?

   B: No, I think I have a cold.
   B: 아니, 감기에 걸린 것 같아.

10. A: When is your sister's birthday party?
    A: 네 여동생의 생일이 언제니?

    B: It's next Saturday, at six o'clock.
    B: 다음 주 토요일, 6시야.

10회

4학년 영어듣기 모의고사 정답과 해석

본문 116~125쪽

| 학습예정일 | 월 일 | 실제학습일 | 월 일 | 부모님확인란 | | 점수 | |

| 정답과 단어 | 듣기대본 | 우리말 해석 |

1 정답 ③

tooth 이, 치아

● 듣기실력쑥 정답 ②

W: tooth

여자: 치아

---

2 정답 ③

thirsty 목마른
drink 마시다

● 듣기실력쑥 정답 ①

G : It's so hot today. I'm thirsty.
B : Here, drink some water.

◀ thirsty

소녀: 오늘 너무 덥다. 난 목이 말라.
소년: 여기, 물을 좀 마셔.

---

3 정답 ④

wash 씻다
face 얼굴
turn off ~의 전원을 끄다
clean 청소하다

● 듣기실력쑥 정답 ②

① W : It's time to sleep. Wash your face.
② W : It's seven o'clock. It's time to eat dinner.
③ W : Dinner is ready. Turn off the computer.
④ W : What a mess! Clean your room.

◀ turn off

① 여자: 잘 시간이야. 얼굴을 씻으렴.
② 여자: 7시야. 저녁 식사를 할 시간이구나.
③ 여자: 저녁이 준비되었어. 컴퓨터를 끄렴.
④ 여자: 지저분하구나! 방을 청소하렴.

---

4 정답 ③

introduce 소개하다

● 듣기실력쑥 정답 ①

G : Look, is that your sister, Minho?
B : Yes, it is. Her name is Sujin.
G : She is very tall. She has long hair, too.
B : Yes. Let me introduce you to her.

소녀: 봐, 저 아이가 네 여동생이니, 민호야?
소년: 응, 맞아. 그녀의 이름은 수진이야.
소녀: 그녀는 키가 매우 크구나. 머리도 길어.
소년: 응, 그녀에게 널 소개시켜 줄게.

---

5 정답 ②

buy 사다
flower 꽃
hope 바라다
present 선물

● 듣기실력쑥 정답 ①

G : Tom, let's buy some flowers. Mom likes flowers.
B : Hmm, how about this book? She likes to read.
G : That's a good idea. Let's buy it.
B : I hope she likes our present!

소녀: Tom, 꽃을 사자. 엄마는 꽃을 좋아하셔.
소년: 음, 이 책은 어떠니? 그녀는 책을 읽는 것을 좋아하시잖아.
소녀: 좋은 생각이야. 그걸 사자.
소년: 그녀가 우리의 선물을 좋아하셨으면 좋겠다!

---

6 정답 ③

tomorrow 내일
myself 나 자신
Congratulations. 축하해.

● 듣기실력쑥 정답 ①

① G : See you tomorrow.
② G : Let me introduce myself.
③ G : Congratulations. I'm happy for you.
④ G : I'm sorry to hear that.

① 소녀: 내일 봐.
② 소녀: 내 소개를 할게.
③ 소녀: 축하해. 나도 기쁘다.
④ 소녀: 그걸 들으니 유감이구나.

7 정답 ④

weather   날씨
outside   바깥에
cloudy   구름이 낀

● 듣기실력쑥 정답 ③

G : How is the weather today, John?
B : Not very good.
G : Is it raining outside?
B : No, but the sky is very cloudy.

소녀: John, 오늘 날씨가 어때?
소년: 별로 좋지 않아.
소녀: 밖에 비가 오고 있어?
소년: 아니, 하지만 하늘에 구름이 많이 끼었어.

8 정답 ①

play basketball
       농구하다
join   함께하다, 참여하다

● 듣기실력쑥 정답
is, going, to, basketball

B : What are you going to do tomorrow, Susie?
G : I'm going to play basketball with my friends.
B : I like basketball, too. Can I join you?
G : Sure. It'll be fun.

play basketball ▶

소년: Susie야, 내일 무엇을 할 거니?
소녀: 난 친구들과 함께 농구를 할 거야.
소년: 나도 농구를 좋아해. 나도 함께해도 될까?
소녀: 물론이지. 재미있을 거야.

9 정답 ③

math   수학
together   함께
then   그때

● 듣기실력쑥 정답 ②

G : Did you finish your math homework?
B : No, I didn't. Let's do it together on Thursday.
G : Okay. What time shall we meet?
B : How about five o'clock?
G : Good. See you then.

소녀: 수학 숙제를 끝냈니?
소년: 아니. 목요일에 우리 함께 그것을 하자.
소녀: 그래. 몇 시에 만날까?
소년: 5시가 어때?
소녀: 좋아. 그때 보자.

10 정답 ②

after   ~후에
Why not?   왜 안되니?
lesson   레슨, 수업
afternoon   오후

● 듣기실력쑥 정답 (방과 후에) 야구를 함께 하자고 제안했다.

G : Jack, how about playing baseball after school?
B : Sorry Nancy, but I can't.
G : Why not? Are you busy today?
B : Yes, I am. I have a piano lesson in the afternoon.

소녀: Jack, 방과 후에 야구를 하는 게 어때?
소년: 미안해 Nancy, 하지만 난 그럴 수 없어.
소녀: 왜 안돼? 너 오늘 바쁘니?
소년: 응. 난 오후에 피아노 레슨이 있거든.

11 정답 ④

fruit   과일
animal   동물
lion   사자
giraffe   기린
children   아이들
       (child의 복수형)

● 듣기실력쑥 정답 ③

① B : How many pieces of fruit are there?
    G : There are three apples and four bananas.
② B : How many pens and pencils are there?
    G : There are three pens and four pencils.
③ B : How many animals are there?
    G : There are three lions and four giraffes.
④ B : How many children are there?
    G : There are three girls and four boys.

① 소년: 몇 개의 과일이 있니?
   소녀: 사과 3개와 바나나 4개가 있어.
② 소년: 몇 개의 펜과 연필이 있니?
   소녀: 펜 3개와 연필 4개가 있어.
③ 소년: 몇 마리의 동물이 있니?
   소녀: 사자 3마리와 기린 4마리가 있어.
④ 소년: 몇 명의 아이들이 있니?
   소녀: 3명의 소녀와 4명의 소년이 있어.

12 정답 ②

look for   ~을 찾다
green   초록색
found   찾았다
       (find의 과거형)
under   ~밑에

● 듣기실력쑥 정답 ②

G : What are you looking for?
B : My pencil case. I don't know where it is.
G : What color is your pencil case?
B : It's green. Oh, I found it. It was under my bag!

소녀: 무엇을 찾고 있니?
소년: 내 필통. 어디 있는지 모르겠어.
소녀: 네 필통은 무슨 색이니?
소년: 초록색이야. 아, 찾았다. 내 가방 밑에 있어!

13 정답 ③

later   나중에

● 듣기실력쑥 정답 ②

① B : Nice to meet you.
② B : Help yourself.
③ B : I'll see you later.
④ B : How are you doing?

① 소년: 만나서 반가워.
② 소년: 마음껏 먹으렴.
③ 소년: 나중에 봐.
④ 소년: 어떻게 지내니?

14 정답 ②

eat   먹다
lunch   점심 식사
delicious   맛있는

① W: How many sandwiches are there?
    B : There are three sandwiches.
② W: What do you want to eat for lunch?
    B : I want to eat a sandwich.
③ W: Is it delicious?
    B : Yes, this sandwich is very delicious.
④ W: What are you eating now?
    B : I'm eating a sandwich.

① 여자: 몇 개의 샌드위치가 있니?
    소년: 세 개의 샌드위치가 있어요.
② 여자: 점심으로 무엇이 먹고 싶니?
    소년: 전 샌드위치를 먹고 싶어요.
③ 여자: 그것은 맛이 있니?
    소년: 네, 이 샌드위치는 정말 맛이 있어요.
④ 여자: 넌 지금 무엇을 먹고 있니?
    소년: 전 샌드위치를 먹고 있어요.

15 정답 ②

puppy   강아지
cute   귀여운
white   흰색
both   둘 다

● 듣기실력쑥 정답 ③

G : Dad, look at that puppy! Isn't it cute?
M: Yes, it is. Do you like it?
G : Yes, I do. Oh dad, I like this white cat, too.
M: You can buy them both. They will be your good friends.

소녀: 아빠, 저 강아지를 좀 봐요! 귀엽지 않나요?
남자: 응, 그렇구나. 마음에 드니?
소녀: 네. 오 아빠, 이 흰색 고양이도 마음에 들어요.
남자: 그것들 둘 다 사도 된단다. 너의 좋은 친구가 될 거야.

puppy ▶

16 정답 ①

run   뛰다, 달리다
play badminton   배드민턴을 하다
play soccer   축구를 하다

① B : Two girls are running, and three boys are playing badminton.
② B : Three girls are running, and three boys are playing badminton.
③ B : Two girls are running, and three boys are playing soccer.
④ B : Three girls are running, and three boys are playing soccer.

① 소년: 소녀 두 명이 뛰고 있고, 소년 세 명이 배드민턴을 하고 있습니다.
② 소년: 소녀 세 명이 뛰고 있고, 소년 세 명이 배드민턴을 하고 있습니다.
③ 소년: 소녀 두 명이 뛰고 있고, 소년 세 명이 축구를 하고 있습니다.
④ 소년: 소녀 세 명이 뛰고 있고, 소년 세 명이 축구를 하고 있습니다.

◀ play soccer

17 정답 ④

free   자유로운
comic book   만화책
cook   요리하다

● 듣기실력쑥 정답 ②

B : What do you do in your free time?
G : _____

① I listen to music.
② I read comic books.
③ I like to cook in my free time.
④ I want to buy a new bag.

소년: 넌 여가 시간에 무엇을 하니?
소녀: _____

① 난 음악을 들어.
② 난 만화책을 읽어.
③ 난 여가 시간에 요리하는 걸 좋아해.
④ 난 새 가방을 사고 싶어.

정답과 단어	듣기대본	우리말 해석

18 정답 ④
lose 잃어버리다

●듣기실력쑥 정답 ④

B : Mom, did you see my English book?
W : _____

① No, did you lose it?
② It's on your bed.
③ No, I didn't see it.
④ I like English a lot.

소년: 엄마, 제 영어책을 보셨어요?
여자: _____

① 아니, 그것을 잃어버렸니?
② 네 침대 위에 있단다.
③ 아니, 난 그것을 보지 못했어.
④ 나는 영어를 많이 좋아한단다.

---

19 정답 ③
wake up 일어나다
walk 걸어가다
every day 매일
first 우선, 먼저

●듣기실력쑥 정답 at. o'clock

B : What time do you wake up, Susan?
G : I wake up at eight o'clock. What about you?
B : _____

① I walk to school every day.
② I sleep at nine o'clock.
③ I wake up at eight, too.
④ I have to finish my homework first.

소년: 넌 몇 시에 일어나니, Susan?
소녀: 난 8시에 일어나. 너는?
소년: _____

① 난 학교에 매일 걸어 가.
② 난 9시에 자.
③ 나도 8시에 일어나.
④ 나는 숙제부터 마쳐야 해.

---

20 정답 ②
repeat 반복하다
one more time 한 번 더
carrot 당근

●듣기실력쑥 정답 ④

W: Excuse me, how do I get to the supermarket?
M: Can you repeat that one more time?
W: _____

① How much is this carrot?
② Where is the supermarket?
③ What time is it now?
④ Are you going to the supermarket?

여자: 실례합니다. 슈퍼마켓에 어떻게 가죠?
남자: 한 번 더 말씀해 주시겠어요?
여자: _____

① 이 당근은 얼마인가요?
② 슈퍼마켓이 어디에 있나요?
③ 지금이 몇 시인가요?
④ 당신은 슈퍼마켓에 가고 있나요?

◀ carrot

step2 낱말받아쓰기 정답 본문 126쪽

복습합시다!

학습 예정일	/	실제 학습일	/	부모님 확인란	맞은 개수	

1 turn / turn off
돌다, 돌리다 / ~의 전원을 끄다

2 present / birthday present
선물 / 생일 선물

3 hope / I hope so.
바라다 / 그러길 바라.

4 buy / buy cheap
사다 / 싸게 사다

5 outside / go outside
바깥에 / 바깥으로 나가다

6 weather / bad weather
날씨 / 안 좋은 날씨

7 join / join a game
참여하다 / 경기에 참여하다

8 math / math teacher
수학 / 수학 선생님

9 after / after school
~후에 / 방과 후에

10 later / sooner or later
나중에 / 조만간, 곧

11 lunch / lunchbox
점심 식사 / 점심 도시락

12 free / free time
자유로운 / 여가 시간

13 breakfast / have breakfast
아침 식사 / 아침 식사를 하다

14 first / at first
먼저, 처음의 / 처음에는

15 more / one more time
더 / 한 번 더

step3 통문장받아쓰기 정답 본문 127쪽

복습합시다!

학습 예정일	/	실제 학습일	/	부모님 확인란	맞은 개수	

1 A: Is that your sister?
A: 저 아이가 네 여동생이니?

B: Yes, it is.
B: 응, 맞아.

2 A: How is the weather today?
A: 오늘 날씨가 어떠니?

B: Not very good.
B: 별로 좋지 않아.

3 A: What are you going to do tomorrow?
A: 너 내일 무엇을 할 거니?

B: I'm going to play basketball with my friends.
B: 난 친구들과 함께 농구를 할 거야.

4 A: Can I join you?
A: 나도 함께 해도 되니?

B: Sure.
B: 물론이지.

5 A: Are you busy today?
A: 너 오늘 바쁘니?

B: Yes. I have a piano lesson in the afternoon.
B: 응. 오후에 피아노 레슨이 있거든.

6 A: How many children are there?
A: 몇 명의 아이들이 있니?

B: There are three boys and four girls.
B: 세 명의 소년과 네 명의 소녀가 있어.

7 A: What color is your pencil case?
A: 네 필통은 무슨 색이니?

B: It's green.
B: 초록색이야.

8 A: What do you want to eat for lunch?
A: 점심으로 무엇을 먹고 싶니?

B: I want to eat a sandwich.
B: 전 샌드위치를 먹고 싶어요.

9 A: What do you do in your free time?
A: 넌 여가 시간에 무엇을 하니?

B: I read comic books.
B: 난 만화책을 읽어.

10 A: Mom, did you see my English book?
A: 엄마, 제 영어책을 보셨나요?

B: Yes. It's on your bed.
B: 그래. 그것은 네 침대 위에 있단다.

★★★ 초등 필수 영단어 ★★★

감정

영단어	우리말 뜻
happy	행복한
sad	슬픈
angry	화난
scared	무서워하는
glad	기쁜
upset	속상한
tired	피곤한
relaxed	느긋한
hungry	배고픈
full	배부른
sick	아픈
worried	걱정하는
bored	지루해하는
excited	신이 난, 흥분한
gloomy	우울한
pleasant	기분 좋은
nervous	불안해하는
surprised	놀란
lonely	외로운
terrified	무서워하는

신체

영단어	우리말 뜻
body	몸
head	머리
hair	머리카락
shoulder	어깨
back	등
bottom	엉덩이
arm	팔
hand	손
finger	손가락
leg	다리
knee	무릎
foot	발
face	얼굴
eye	눈
ear	귀
nose	코
mouth	입
lip	입술
tooth	치아
neck	목

4학년 ① 듣기모의고사 정답표 ....

01회

1	2	3	4	5	6	7	8	9	10
①	①	④	③	②	③	①	③	③	②

11	12	13	14	15	16	17	18	19	20
④	③	①	③	③	①	③	④	③	④

02회

1	2	3	4	5	6	7	8	9	10
③	②	④	①	④	②	②	③	③	①

11	12	13	14	15	16	17	18	19	20
②	①	④	②	③	②	③	①	③	④

03회

1	2	3	4	5	6	7	8	9	10
②	③	④	④	③	②	②	③	③	②

11	12	13	14	15	16	17	18	19	20
③	②	④	②	④	②	④	③	④	③

04회

1	2	3	4	5	6	7	8	9	10
②	④	②	④	③	②	④	③	④	①

11	12	13	14	15	16	17	18	19	20
②	①	②	④	②	④	④	③	①	②

05회

1	2	3	4	5	6	7	8	9	10
③	①	②	④	②	①	③	②	④	①

11	12	13	14	15	16	17	18	19	20
②	②	④	③	③	④	②	③	②	①

06회

1	2	3	4	5	6	7	8	9	10
②	③	④	④	③	③	②	①	③	②

11	12	13	14	15	16	17	18	19	20
④	④	①	③	③	②	④	①	③	③

07회

1	2	3	4	5	6	7	8	9	10
④	②	③	①	①	④	②	③	②	①

11	12	13	14	15	16	17	18	19	20
②	③	①	③	③	①	①	②	④	①

08회

1	2	3	4	5	6	7	8	9	10
③	①	②	②	③	④	②	③	③	④

11	12	13	14	15	16	17	18	19	20
②	①	②	④	③	④	①	④	②	④

09회

1	2	3	4	5	6	7	8	9	10
②	②	④	③	②	③	④	④	②	①

11	12	13	14	15	16	17	18	19	20
①	③	②	③	③	④	④	④	②	②

10회

1	2	3	4	5	6	7	8	9	10
③	③	④	③	②	③	④	①	③	②

11	12	13	14	15	16	17	18	19	20
④	②	②	②	②	①	④	④	③	②

06회

1. duck / bear
2. How's / weather / hot
3. How much
4. How / do
5. How old / seven
6. bread with jam
7. Tomorrow / fine
8. have / frog
9. What time
10. math homework
11. red hat / How much / twenty
12. Today / Saturday
13. See / So long
14. new bike / bought
15. borrow / books / library card
16. want oranges / don't like
17. movie / funny
18. on Sundays / play / How about
19. Where / saw / bedroom.
20. vet / Why / to be vet

07회

1. photo / newspaper
2. doctor / banker
3. for / open

4. mirror / heavy
5. younger sister
6. drinking / watering
7. Are / okay
8. start / six thirty
9. wearing glasses / pretty
10. looking for / gift / brother
11. How many / nine / twelve
12. baby sister / cousin
13. What mess
14. flowers / vase
15. red / blue / twenty
16. hobby / baseball
17. insect / wings / fly / sips
18. want / with / I'd love
19. How's going
20. what time / close / at

08회

1. north
2. noisy / quiet
3. lion / monkey / give
4. don't like / chicken / chicken.
5. can / cookies / cookies
6. ski camp / ski camp / skiing
7. raining / now
8. meeting / three / afternoon
9. watched / movies

10. bus / late
11. robot / five / soccer ball / nine
12. notebook / Mine / two / flowers
13. Cheer up
14. four pineapples / five oranges
15. mother / kitchen.
16. worried / okay / better
17. wrong / 556-7892
18. do / What about / father
19. have / have
20. interesting

09회

1. sheep / smoke
2. stars / girl / smiling
3. give / a hand
4. Where / from / Paris
5. finish / homework
6. taking / walk / pants
7. lost / sorry / miss
8. busy / Friday / fine with
9. bedroom
10. first / wash / hands
11. three tigers / five pandas
12. cap / What color / blue
13. Long no see
14. How many / have to
15. Watch out

16. spaghetti / coke
17. nine / last year / eleven now
18. Who / with
19. have a cold
20. When

10회

1. tooth
2. hot / thirsty / drink
3. Clean / room
4. tall / long hair
5. Mom / present
6. Congratulations
7. sky / cloudy
8. basketball / basketball / join
9. Thursday / time / five
10. piano lesson
11. children / girls / boys
12. pencil case / green
13. see / later.
14. for lunch / eat
15. puppy / cat / buy
16. Two girls / three boys / badminton
17. What / free time / want
18. see / English book
19. What time / wake up
20. how / repeat / one more